КУЛИНАРНАЯ КНИГА ЛЮБИТЕЛЕЙ КРАСНОГО БАРХАТА

100 ОЧАРОВАТЕЛЬНЫХ РЕЦЕПТОВ, ВДОХНОВЛЕННЫХ КЛАССИЧЕСКИМ ТОРТОМ КРАСНЫЙ БАРХАТ

Вера Павлова

ОГЛАВЛЕНИЕ

ВВЕДЕНИЕ

Красный бархат - это традиционный торт со вкусом красного, красно-коричневого или алого цвета, содержащий пахту и шоколад. Обычно его подают с глазурью из сливочного сыра.

Большинство людей смотрят на красный бархат в День святого Валентина, надеясь сделать что-то милое и романтичное. Но эти рецепты хороши круглый год! Ключом к получению правильного вкусового профиля является использование несладких какао и пахты. А при добавлении пищевого красителя гелевый лучше всего работает. Он гораздо более концентрированный, и вам не нужно будет использовать его слишком часто.

Красный — это цвет снисходительности и роскоши, и этот цвет в сочетании с названием «красный бархат» создает субъективное ожидание.Цвет так важен в еде, и они определенно привлекут всеобщее внимание!

ЗАВТРАК

1. Блины красный бархатс кефирным топпингом

Делает: 4 порции

ИНГРЕДИЕНТЫ:
ТОППИНГ
- ½ стакана простого кефира
- 2 столовые ложки сахарной пудры

БЛИНЫ
- 1¾ чашки овсяных хлопьев по старинке
- 3 столовые ложки какао-порошка
- 1 ½ чайной ложки разрыхлителя
- 1 чайная ложка пищевой соды
- ¼ чайной ложки соли
- 3 столовые ложки кленового сиропа
- 2 столовые ложки кокосового масла, растопленного
- 1½ чашки 2% нежирного молока
- 1 большое яйцо
- 1 чайная ложка красного пищевого красителя
- Шоколадная стружка или чипсы для подачи

ИНСТРУКЦИИ:

a) Для начинки добавьте оба ингредиента в небольшую миску и перемешайте, пока они не смешаются. Отложите.

b) Для блинов добавьте все продукты в высокоскоростной блендер и взбейте на высокой скорости, чтобы они стали жидкими. Убедитесь, что все хорошо перемешано.

c) Дайте тесту отдохнуть от 5 до 10 минут. Это позволяет всем ингредиентам соединиться и сделать тесто более однородным.

d) Обильно сбрызните сковороду или сковороду с антипригарным покрытием растительным маслом и нагрейте на среднем огне.

e) Как только сковорода нагреется, добавьте тесто, используя мерный стакан на ¼ чашки, и вылейте тесто в сковороду, чтобы приготовить блин. Используйте мерный стакан, чтобы помочь сформировать блин.

f) Готовьте, пока бока не станут готовыми, а в середине не появятся пузыри, 3 минуты, затем переверните блин.

g) Когда блинчик поджарится с этой стороны, снимите его с огня и переложите на тарелку.

h) Продолжите эти действия с остальным тестом.

i) Сложите стопкой и подавайте с топпингом и шоколадной стружкой.

2. Бокалы для смузи Red Velvet

Делает: 2

ИНГРЕДИЕНТЫ:
- 1 жареная свекла охлажденная
- 1 стакан замороженной вишни
- 1 банан, нарезанный и замороженный
- ¼ стакана молока
- 3 столовые ложки какао-порошка
- 1 столовая ложка меда
- Идеи начинки: фрукты/свекла в форме сердца, банан, семечки, орехи, кокос

ИНСТРУКЦИИ:
a) Смешайте все ингредиенты в блендере до получения однородной массы, добавляя больше молока и меда по мере необходимости, чтобы достичь желаемой консистенции и сладости.
b) Добавьте ваши любимые орехи/семена, банан и какао.

3. Блинчики Red Velvet с начинкой из сливочного сыра

Выход: 10-12 блинов

ИНГРЕДИЕНТЫ:
- 2 яйца
- 1 стакан молока
- ½ стакана воды
- ½ чайной ложки соли
- 3 столовые ложки сливочного масла, растопленного
- 1 чайная ложка сахара
- 1 чайная ложка ванильного экстракта
- 1 стакан муки
- 1½ столовой ложки какао-порошка
- 5 капель красного пищевого красителя по желанию
- Начинка из сливочного сыра/посыпка

ИНСТРУКЦИИ:
a) Смешайте яйца, молоко, воду, соль, сахар, ваниль и 3 столовые ложки растопленного сливочного масла в блендере и взбивайте до появления пены, около 30 секунд.

b) Добавьте муку и какао-порошок и перемешайте до получения однородной массы.

c) В это время добавьте пищевой краситель, если он используется. Вам нужно будет сделать тесто немного ярче, чем вы хотите, чтобы был ваш конечный продукт.

d) Охладите тесто в течение 30 минут или на ночь.

e) Когда будете готовы приготовить блины, разогрейте 1 столовую ложку сливочного масла в блиннице или другой неглубокой сковороде. Убедитесь, что масло покрыло всю поверхность сковороды, прежде чем добавлять ¼ стакана теста для блинов и вращать, чтобы покрыть поверхность сковороды.

f) Готовьте блины в течение одной минуты, осторожно переворачивайте, а затем полминуты готовьте с другой стороны.

g) Украсьте шоколадным соусом и оставшейся начинкой из сливочного сыра.

4. Красные бархатные булочки с корицей

Делает: 24 рулона

ИНГРЕДИЕНТЫ:
ДЛЯ БУЛОЧЕК С КОРИЦЕЙ
- 4½ чайных ложки сухих дрожжей
- 2-½ стакана теплой воды
- 15,25 унций Коробка смеси для торта Red Velvet
- 1 чайная ложка ванильного экстракта
- 1 чайная ложка соли
- 5 стаканов универсальной муки

ДЛЯ САХАРНОЙ СМЕСИ С КОРИЦЕЙ
- 2 стакана упакованного коричневого сахара
- 4 столовые ложки молотой корицы
- ⅔ стакана сливочного масла размягченного

ДЛЯ СЛИВОЧНОЙ ГЛАЗУРИ
- 16 унций сливочного сыра, размягченного
- ½ стакана сливочного масла размягченного
- 2 стакана сахарной пудры
- 1 чайная ложка ванильного экстракта

ИНСТРУКЦИИ:

a) В большой миске смешайте дрожжи и воду, пока они не растворятся.

b) Добавьте смесь для торта, ваниль, соль и муку. Хорошо перемешайте - тесто будет немного липким.

c) Плотно накройте миску полиэтиленовой пленкой. Дайте тесту подняться в течение одного часа. Обомните тесто и дайте ему снова подняться еще на 45 минут.

d) На слегка посыпанной мукой поверхности раскатайте тесто в большой прямоугольник толщиной около ¼ дюйма. Равномерно распределите масло по всему тесту.

e) В средней миске смешайте коричневый сахар и корицу. Посыпьте смесью коричневого сахара поверх масла.

f) Сверните, как рулет, начиная с длинного края. Разрезать на 24 равные части.

g) Смажьте жиром две формы для выпечки размером 9x13 дюймов. Разложите ломтики булочки с корицей в формочках. Накройте и дайте подняться в теплом месте, пока оно не увеличится вдвое.

h) Разогрейте духовку до 350°F.

i) Выпекать 15-20 минут или до готовности.

j) Пока выпекаются булочки с корицей, приготовьте глазурь из сливочного сыра, смешав сливочный сыр и масло в средней миске до кремообразного состояния. Смешайте с ванилью. Постепенно добавить сахарную пудру.

5. Запеченные пончики Red Velvet

Выход: 14-16 пончиков

ИНГРЕДИЕНТЫ:
- 2 ¼ стакана муки
- 1 столовая ложка разрыхлителя
- ½ чайной ложки соли
- ⅔ стакана сахара
- 1 яйцо
- 2 столовые ложки растительного масла
- 2 столовые ложки какао-порошка
- 1 чайная ложка ванили
- ½ стакана нежирного молока
- Красная мягкая гелевая паста
- Глазурь

ИНСТРУКЦИИ:
a) Разогрейте духовку до 350 градусов.
b) Сбрызните форму для пончиков кулинарным спреем и отложите в сторону.
c) В средней миске смешайте муку, разрыхлитель и соль.
d) Хорошо перемешайте и отложите.
e) В большой миске смешайте сахар, яйцо и растительное масло.
f) Добавьте какао-порошок и ваниль и хорошо перемешайте.
g) Медленно вмешайте молоко, пока оно хорошо не смешано.
h) Добавьте сухие ингредиенты, примерно по полстакана за раз, хорошо перемешивая после каждого добавления.
i) Добавьте несколько капель красного пищевого красителя и перемешайте, пока тесто не станет желаемого цвета.
j) Поместите тесто в пакет с застежкой-молнией и завяжите.
k) Отрежьте конец и выдавите в форму для пончиков, заполняя каждую чашку для пончиков на ⅔.
l) Выпекайте 12-15 минут, следя за тем, чтобы пончики не подрумянились.
m) Окуните верхушки пончиков в глазурь и посыпьте сердечками или посыпкой.

6. Воздушные блины Red Velvet

Делает: 4 порции

ИНГРЕДИЕНТЫ:
ДЛЯ БЛИН:
- 4 больших яйца
- 1 стакан молока
- ¾ чашки + 2 столовые ложки универсальной муки
- 2 столовые ложки какао-порошка
- ¼ стакана сахарного песка
- ¼ чайной ложки кошерной соли
- 1 чайная ложка ванильного экстракта
- 2 столовые ложки несоленого сливочного масла
- ½ чайной ложки красного гелевого пищевого красителя
- Пищевой спрей
- Глазурь

ИНСТРУКЦИИ:
a) Разогрейте духовку до 400 градусов по Фаренгейту
b) Поместите яйца, молоко, муку, какао-порошок, сахар, соль и ваниль в блендер; смешать до полного смешивания. Добавьте пищевой краситель и взбивайте в течение 30 секунд.
c) Нагрейте 10-дюймовую чугунную сковороду или сковороду с антипригарным покрытием на среднем огне. Добавьте сливочное масло и растопите. Вылейте тесто в сковороду. Поставьте противень в духовку и запекайте, пока не подрумянятся, не поднимутся и не приготовятся, примерно 20-25 минут.
d) Пока блин в духовке, приготовьте глазурь из сливочного сыра. Взбейте сливочный сыр и масло миксером до полного смешивания, 1-3 минуты. Добавьте молоко и взбейте, чтобы смешать. Медленно добавьте сахарную пудру и перемешайте до образования глазури. Вы можете добавить больше молока по чайной ложке, если необходимо, чтобы глазурь приобрела текучую консистенцию.
e) Разрежьте блин на дольки и подавайте с глазурью из сливочного сыра и фруктами.

7. Сырная вафля Red Velvet

Получается: 3 вафли

ИНГРЕДИЕНТЫ:
- 1 яйцо
- 1 унция сливочного сыра
- 2 столовые ложки кокосовой муки
- 1 столовая ложка пахты
- 2 чайные ложки подсластителя без сахара
- ½ чайной ложки разрыхлителя
- ½ чайной ложки какао-порошка
- красный пищевой краситель

ИНСТРУКЦИИ:
a) Разогрейте вафельницу.
b) Взбейте вместе все ингредиенты. Добавьте несколько капель красного пищевого красителя, чтобы получить желаемый оттенок розового или красного.
c) Налейте около ⅓ теста «Красный бархат» в вафельницу, если вы используете мини-вафельницу.
d) Закройте вафельницу и готовьте 3-5 минут или пока вафли не станут золотисто-коричневыми и не затвердеют.
e) Достаньте чафлу из вафельницы и подавайте.

8. Красный бархатный французский тост

Делает: 4

ИНГРЕДИЕНТЫ
- 8 ломтиков бриоши
- 3 больших яйца
- 1 чашка полусливок 10% МЖ
- 2 столовые ложки сахарного песка
- 1 столовая ложка ванильного экстракта
- 2 столовые ложки какао-порошка
- 2-3 столовые ложки красного пищевого красителя
- ¼ чайной ложки соли
- 2-3 столовые ложки сливочного или растительного масла для жарки
- Глазурь из сливочного сыра

ИНСТРУКЦИИ
a) Разогрейте духовку до 250F. Положите ломтики бриоши на противень и запекайте 15—20 минут или пока они слегка не подсохнут. Полностью остудите ломтики. Взбейте вместе яйца, сливки, сахар, ваниль, какао-порошок, пищевой краситель и соль.

b) Вылейте яичную смесь на ломтики.

c) Каждые несколько минут переворачивайте ломтики и выкладывайте на них смесь, пока почти все не впитается. Около 10 минут.

d) Нагрейте сковороду на среднем огне. Добавьте сливочное масло, затем положите ломтики в сковороду. Готовьте по 2-3 минуты с каждой стороны или пока не подрумянятся.

9. Красный бархат горячий шоколад

Делает: 6

ИНГРЕДИЕНТЫ:

- 14 унций сгущенного молока с сахаром
- 1 стакан густых сливок
- 6 стаканов цельного молока
- 1 чашка полусладкой шоколадной крошки
- 1 столовая ложка ванильного экстракта
- 1 столовая ложка сливочного сыра
- 4 капли красного пищевого геля

ИНСТРУКЦИИ:

a) Добавьте подслащенное сгущенное молоко, шоколадную стружку, густые сливки, молоко и ванильный экстракт в мультиварку и готовьте на слабом огне в течение 3 часов, помешивая каждый час. Шоколад и молоко в мультиварке

b) Как только шоколад растает, добавьте сливочный сыр и красный пищевой краситель.

c) Продолжайте готовить, если хотите, или уменьшите огонь до теплого и подавайте. Шоколад в мультиварке

d) Если смесь слишком густая для ваших предпочтений, вы можете разбавить ее дополнительным количеством молока или воды. Горячий шоколад Красный бархат в прозрачной кружке

10. Красный бархатный банановый хлеб

Получается: 2 буханки

ИНГРЕДИЕНТЫ:
- 1 упаковка смеси для торта «Красный бархат»
- 3 больших яйца
- ⅓ стакана масла
- 1½ чашки бананового пюре, примерно 3 или 4 банана
- 1 чашка нарезанных орехов пекан

ИНСТРУКЦИИ:
a) Разогрейте духовку до 350ºF. Смажьте маслом и присыпьте мукой две формы для выпечки хлеба.

b) Смешайте сухую смесь для кекса, яйца, масло, пюре из бананов и нарезанные орехи пекан, пока они хорошо не перемешаются. Вылить тесто в подготовленные формочки.

c) Выпекайте от 30 до 35 минут или пока зубочистка, вставленная в центр, не будет выходить чистой.

d) Выньте из духовки на решетку для охлаждения на 10 минут, прежде чем вынимать из формы.

e) Полностью остудить на решетке. При желании посыпать сахарной пудрой.

11. Вафли Red Velvet Mochi

Делает: 8 порций

ИНГРЕДИЕНТЫ:
ДЛЯ ВАФЛ МОТИ КРАСНЫЙ БАРХАТ
- 1 ½ стакана молока
- 2 яйца
- 2 столовые ложки красного пищевого красителя
- 1 чайная ложка ванильного экстракта
- ½ чайной ложки дистиллированного белого уксуса
- 2 ½ чашки муки мотико
- ½ стакана сахарного песка
- 1 столовая ложка разрыхлителя
- 1 столовая ложка какао-порошка
- ½ чайной ложки соли

ИНСТРУКЦИИ:
a) Разогрейте вафельницу.
b) В среднюю миску добавьте влажные ингредиенты и хорошо перемешайте. Отложите.
c) Затем в большую миску добавьте сухие ингредиенты.
d) Взбейте, пока хорошо не смешано.
e) Добавьте влажные ингредиенты к сухим и перемешайте до однородности.
f) Распылите антипригарный кулинарный спрей на поверхность вафельницы. Вылейте тесто в вафельницу и готовьте, пока оно не подрумянится.

12. Горячий мятный шоколад Red Velvet

Делает: 5 чашек

ИНГРЕДИЕНТЫ
- 4 стакана половинчатых сливок
- 7 унций белого шоколада для выпечки, нарезанного
- 2 унции молочного шоколада, нарезанного
- от ¼ до ½ чайной ложки красного пищевого красителя
- от ¼ до ½ чайной ложки экстракта мяты перечной
- Даш соль
- Конфеты и зефир

ИНСТРУКЦИИ:
a) В большой кастрюле нагрейте сливки на среднем огне, пока по краям кастрюли не появятся пузырьки.

b) Снимите с огня; взбейте шоколад, пищевой краситель, экстракт и соль до получения однородной массы. Вернуться к теплу; готовьте и помешивайте, пока не прогреется.

c) Разлить по кружкам; украсьте леденцами и зефиром.

13. <u>Овсянка красный бархат</u>

Делает: 6

ИНГРЕДИЕНТЫ
- 1 ½ чашки овсяных хлопьев
- 1 чашка пахты
- 2 ½ стакана молока
- 2 столовые ложки сахара
- 1 ½ столовые ложки какао-порошка
- ¼ чайной ложки соли
- 2-3 капли красного пищевого красителя
- 1 чайная ложка ванильного экстракта

НАЧИНКИ
- Зерна граната
- Шоколадные кусочки
- Фрукты на выбор
- орехи

ИНСТРУКЦИИ
a) Добавьте в кастрюлю молоко, сахар, соль, ванильный экстракт и какао-порошок.

b) Перемешайте и включите огонь на средний.

c) Добавьте овсяные хлопья в молочно-какао-бобовую смесь.

d) Добавьте пищевой краситель и готовьте на среднем огне до полной готовности.

e) Полное приготовление занимает около 6 минут. Постоянно помешивайте, чтобы предотвратить пригорание.

f) Подавайте с большим количеством молока и начинками на выбор.

14. красный вельветмалиновое и миндальное молоко

Делает: 3

ИНГРЕДИЕНТЫ:
- 1 стакан замороженной малины
- ¼ стакана коллагеновых пептидов
- ¼ стакана масла МСТ
- 2 столовые ложки семян чиа
- 1 чайная ложка свекольного порошка
- 1 чайная ложка органического ванильного экстракта
- 4 капли жидкой стевии
- 1 ½ стакана миндального молока, несладкого

ИНСТРУКЦИИ:

a) В мощном блендере смешайте все ингредиенты и взбейте до однородной массы.

b) Разлейте по 3 сервировочным тарелкам и подавайте с любимым гарниром.

15. Маринованные яйца Красный бархат

Делает: 6

ИНГРЕДИЕНТЫ:

- 6 яиц
- 1 стакан белого уксуса
- Сок из 1 банки свеклы
- ¼ стакана сахара
- ½ столовой ложки соли
- 2 зубчика чеснока
- 1 столовая ложка цельного перца горошком
- 1 лавровый лист

ИНСТРУКЦИИ:

a) Разогрейте водяную баню до 170 °F

b) Поместите яйца в пакет. Запечатайте пакет и поместите его в ванну. Варить 1 час.

c) Через 1 час поместите яйца в миску с холодной водой, чтобы они остыли, и осторожно очистите их. В пакете, в котором вы варили яйца, смешайте уксус, свекольный сок, сахар, соль, чеснок и лавровый лист.

d) Замените яйца в пакете с маринадом. Поставить на водяную баню и варить еще 1 час.

e) Через 1 час переместите яйца с засолочной жидкостью в холодильник.

f) Дайте полностью остыть перед едой.

16. Красный бархатный латкес

Делает: 1 порция

ИНГРЕДИЕНТЫ:

- 1 стакан мелко нарезанной свежей свеклы
- 2 столовые ложки кукурузного крахмала
- 4 взбитых яичных желтка
- ½ чайной ложки сахара
- 3 столовые ложки густых сливок или неразбавленного сгущенного молока
- ½ чайной ложки молотого мускатного ореха
- 1 чайная ложка соли

ИНСТРУКЦИИ:

a) Смешайте все ингредиенты в миске.

b) Хорошо перемешайте и выпекайте в виде блинов на горячей смазанной маслом сковороде или тяжелой сковороде.

c) Подавать с фруктовым мармеладом или вареньем.

17. Красный бархатный хэш

Делает: 4

ИНГРЕДИЕНТЫ:
- 1 фунт свеклы, очищенной и нарезанной кубиками
- ½ фунта картофеля Yukon Gold, очищенного и нарезанного кубиками
- Крупная соль и свежемолотый черный перец
- 2 столовые ложки оливкового масла первого отжима
- 1 маленькая луковица, нарезанная кубиками
- 2 столовые ложки нарезанной свежей петрушки
- 4 больших яйца

ИНСТРУКЦИИ:
a) В кастрюле с высокими бортами залейте свеклу и картофель водой и доведите до кипения. Приправить солью и варить до мягкости, около 7 минут. Слейте воду и протрите сковороду.

b) Нагрейте масло в сковороде на средне-сильном огне. Добавьте вареную свеклу и картофель и готовьте, пока картофель не станет золотистым, около 4 минут. Уменьшите огонь до среднего, добавьте лук и готовьте, помешивая, до мягкости, около 4 минут. Отрегулируйте приправы и вмешайте петрушку.

c) Сделайте в хэше четыре широких лунки. Разбейте по одному яйцу в каждую и приправьте яйцо солью. Готовьте, пока белки не схватятся, а желтки все еще будут жидкими, от 5 до 6 минут.

18. Красный бархат Завтрак Пицца

Делает: 6

ИНГРЕДИЕНТЫ:

ДЛЯ ПИЦЦЫ:

- 1 стакан отварной и протертой свеклы
- ¾ стакана миндальной муки
- ⅓ стакана муки из коричневого риса
- ½ чайной ложки соли
- 2 чайные ложки разрыхлителя
- 1 столовая ложка кокосового масла
- 2 чайные ложки нарезанного розмарина
- 1 яйцо

НАЧИНКИ:

- 3 яйца
- 2 ломтика приготовленного бекона раскрошить
- авокадо
- сыр

ИНСТРУКЦИИ

a) Разогрейте духовку до 375 градусов

b) Смешать все ингредиенты для теста для пиццы

c) Выпекать 5 минут

d) Выньте и сделайте 3 небольших «колодца», используя обратную сторону ложки или формы для мороженого.

e) Бросьте 3 яйца в эти «колодцы».

f) Выпекать 20 минут

g) Сверху посыпать сыром и беконом и запекать еще 5 минут.

h) Добавьте больше розмарина, сыра и авокадо.

ЗАКУСКИ И ЗАКУСКИ

19. Красные бархатные бомбы

Делает: 10

ИНГРЕДИЕНТЫ:
- 100 грамм темного шоколада, 90%
- 1 чайная ложка ванильного экстракта, без сахара
- ⅓ стакана сливочного сыра, размягченного
- 3 столовые ложки стевии
- 4 капли красного пищевого красителя
- ⅓ стакана жирных сливок каннабиса, взбитых

ИНСТРУКЦИИ:
a) Разогрейте шоколад в микроволновой печи с десятисекундными интервалами в миске, пригодной для использования в микроволновой печи.

b) За исключением взбитых сливок, смешайте все остальные ингредиенты в большой миске.

c) Убедитесь, что он идеально гладкий, смешав его ручным миксером.

d) Добавьте растопленный шоколад и продолжайте взбивать еще две минуты.

e) Наполните смесью кондитерский мешок наполовину, выдавите его на подготовленный противень и поставьте в холодильник на сорок минут.

f) Перед подачей добавьте сверху ложку взбитых сливок.

20. Тыквенные батончики Red Velvet

Делает: 4 порции

ИНГРЕДИЕНТЫ:
- Маленькая вареная свекла, 2 шт.
- Кокосовая мука, ¼ стакана
- Органическое масло тыквенных семечек, 1 столовая ложка
- Кокосовое молоко, ¼ стакана
- Ванильная сыворотка, ½ стакана
- 85% темный шоколад, растопленный

ИНСТРУКЦИИ:
a) Смешайте все сухие ингредиенты, кроме шоколада.
b) Перемешайте молоко с сухими ингредиентами и хорошо перемешайте.
c) Сформируйте батончики среднего размера.
d) Растопите шоколад в микроволновой печи и дайте ему остыть в течение нескольких секунд.
e) Теперь окуните каждый батончик в растопленный шоколад и хорошенько покройте.
f) Охладите, пока шоколад не застынет и не затвердеет.
g) Наслаждаться.

21. Протеиновые батончики Red Velvet Fudge

Делает: 4 порции

ИНГРЕДИЕНТЫ:
- Пюре из запеченной свеклы, 1 стакан
- Ванильная паста, 1 чайная ложка
- Несладкое соевое молоко, ½ стакана
- Ореховое масло, ½ стакана
- Розовая гималайская соль, ⅛ чайной ложки
- Экстракт, 2 чайные ложки
- Сырая стевия, ¾ стакана
- Овсяная мука, ½ стакана
- Протеиновый порошок, 1 стакан

ИНСТРУКЦИИ:
a) Растопите сливочное масло в кастрюле и добавьте овсяную муку, протеиновый порошок, свекольное пюре, ваниль, экстракт, соль и стевию. Перемешайте до объединения.
b) Теперь добавьте соевое молоко и хорошо перемешайте.
c) Переложите смесь в форму и поставьте в холодильник на 25 минут.
d) Когда смесь станет твердой, нарежьте ее на 6 полосок и наслаждайтесь.

22. Чау-чау для щенков Red Velvet

Делает:22

ИНГРЕДИЕНТЫ:
- 15,25 унций смеси для торта «Красный бархат»
- 1 стакан сахарной пудры
- 12 унций белого шоколада
- 8 унций полусладкого шоколада
- 2 столовые ложки густых сливок, комнатной температуры
- 12 унций хлопьев Chex
- 10 унций M&M's
- ⅛ Посыпка цвета чашки

ИНСТРУКЦИИ:

a) Разогрейте духовку до 350°F.

b) Выложите смесь для бисквита «Красный бархат» на противень, застеленный пергаментной бумагой.

c) Выпекать в духовке 5-8 минут. Достать из духовки и дать остыть.

d) Добавьте смесь для торта и сахарную пудру в закрывающийся пакет и встряхните, чтобы хорошо перемешать. Отложите в сторону.

e) В миске разломайте шоколад, затем нагревайте в микроволновой печи с интервалами в 30 секунд, помешивая в промежутках, пока шоколад полностью не растает.

f) Вмешайте сливки.

g) Добавьте хлопья Chex в другую большую миску и залейте сверху шоколадом.

h) Тщательно перемешайте хлопья вместе с шоколадом до равномерного покрытия, затем, работая партиями, добавьте покрытые шоколадом хлопья в пакет со смесью для торта и сахаром и взболтайте до полного покрытия.

i) Выложите кусочки хлопьев на противень, застеленный пергаментной бумагой.

j) Повторите то же самое с оставшимися хлопьями, затем дайте кусочкам высохнуть около часа.

k) Смешайте с M&Ms и посыпкой и поместите в миску для подачи.

23. Микс для вечеринки Red Velvet

Делает: 12 порций

ИНГРЕДИЕНТЫ:
- 6 стаканов шоколадных хлопьев
- ½ стакана упакованного коричневого сахара
- ⅓ стакана сливочного масла
- 3 столовые ложки кукурузного сиропа
- 1 капля красного гелевого пищевого красителя
- 1 чашка смеси для пищевого торта
- ½ стакана сливочной глазури из сливочного сыра

ИНСТРУКЦИИ:
a) В большую миску для микроволновой печи положите хлопья; отложить.

b) В средней миске, которую можно использовать в микроволновой печи, разогрейте в микроволновой печи коричневый сахар, масло, кукурузный сироп, пищевой краситель и смесь для кекса, не накрывая крышкой на высокой мощности.

c) Сразу же залить хлопьями; бросить, пока хорошо не покрыты.

d) Разложить на вощеной бумаге. Охладите в течение 5 минут.

e) В небольшую миску для микроволновой печи поместите глазурь; микроволновая печь открыта на высокой мощности в течение 20 секунд.

f) Посыпать зерновой смесью. Хранить свободно закрытым.

24. Красные бархатные шарики для торта

Делает: 4 дюжины

ИНГРЕДИЕНТЫ:
- Пакет на 15,25 унции смеси для торта «Красный бархат»
- 1 стакан цельного молока
- ⅓ стакана соленого сливочного масла, растопленного
- 3 чайные ложки ванильного экстракта, разделенные
- Растительное масло для сковороды
- Универсальная мука, для сковороды
- 8 унций упаковка. сливочный сыр размягченный
- ½ стакана соленого сливочного масла, размягченного
- 4 стакана сахарной пудры
- 30 унций белых тающих вафель
- Красная и белая посыпка и сахарная пудра

ИНСТРУКЦИИ:
a) Разогрейте духовку до 350°F. Взбейте смесь для торта, молоко, растопленное масло и 1 чайную ложку ванили в чаше мощного стационарного миксера с насадкой-лопаткой на низкой скорости до получения однородной массы, около 1 минуты. Увеличьте скорость до средней и взбивайте 2 минуты. Вылейте тесто в смазанную маслом и посыпанную мукой форму для выпечки размером 13 x 9 дюймов.

b) Выпекайте в предварительно разогретой духовке, пока деревянная палочка, вставленная в центр, не будет выходить чистой, от 24 до 28 минут. Остудить в форме на решетке в течение 15 минут. Переверните кекс на решетку и дайте полностью остыть в течение примерно 2 часов.

c) Тем временем взбейте сливочный сыр и размягченное масло с помощью мощного стационарного миксера с насадкой-лопаткой на средней скорости до кремообразного состояния. Уменьшите скорость до минимума и постепенно добавьте сахарную пудру и оставшиеся 2 чайные ложки ванили, взбивая до однородности. Увеличьте скорость до средне-высокой и взбивайте до пышности, от 1 до 2 минут.

d) Раскрошите остывший бисквит в большую миску. Добавьте 2 стакана глазури из сливочного сыра.

e) Скатайте смесь для кекса в 48 шариков диаметром около 1 дюйма. Поместите шарики на противень и накройте их полиэтиленовой пленкой. Охладите в течение 8 часов или на ночь.

f) Растопите 1 упаковку плавящихся вафель в миске среднего размера для микроволновки в микроволновой печи в соответствии с инструкцией на упаковке.

g) Используя вилку и работая с 1 шариком для кекса за раз, окуните шарик в расплавленные вафли, позволяя излишкам стечь обратно в миску. Поместите шарик на противень, застеленный пергаментной бумагой, и сразу же посыпьте желаемым количеством посыпки или сахарного песка.

h) Повторите то же самое с оставшимися 15 шариками для торта и растопленными вафлями в миске, очищая вилку между каждым погружением.

i) Протрите миску начисто и повторите еще 2 раза с оставшимися охлажденными шариками для торта и 2 упаковками плавящихся вафель и желаемым количеством посыпки. Охладите до готовности к подаче.

25. Чашки для мелочей Red Velvet

Делает: 4 порции

ИНГРЕДИЕНТЫ
- Спрей для выпечки
- Упаковка Red Velvet Cake Mix на 15,25 унции
- 1 чашка нежирной пахты или воды
- 3 яйца
- ½ стакана растительного масла
- 7 унций ванильного или чизкейкового пудинга быстрого приготовления
- 4 стакана цельного молока
- Взбитый топпинг и шоколадная стружка для подачи

ИНСТРУКЦИИ:
a) Разогрейте духовку до 350°F.
b) Сбрызните форму для рулетов спреем для выпечки.
c) Смешайте смесь для торта, пахту или воду, яйца и масло в большой миске с помощью электрического миксера на низкой скорости, пока смесь не станет влажной, около 30 секунд.
d) Взбивайте на средней скорости в течение 2 минут. Вылить в кастрюлю.
e) Выпекайте от 15 до 18 минут, пока зубочистка, вставленная в центр, не будет выходить чистой.
f) Остудить кекс в форме на решетке до полного остывания.
g) С помощью зазубренного ножа вырежьте 120 маленьких квадратов.
h) Приготовьте пудинг согласно инструкции на упаковке.
i) Поместите 10 кубиков торта в сервировочный стакан и равномерно распределите по ним пудинг.
j) Сверху каждую небольшую чашку украсьте взбитыми сливками и шоколадной стружкой.

26. Красный бархатный сырный шарик

Делает: 16 порций

ИНГРЕДИЕНТЫ

- 8 унций сливочного сыра, комнатной температуры
- ½ стакана несоленого сливочного масла, комнатной температуры
- Коробка на 15,25 унций смесь для торта красный бархат, сухая
- ½ стакана сахарной пудры
- 2 столовые ложки коричневого сахара
- ½ стакана мини-шоколадных чипсов
- ванильное печенье/крекеры Грэм, для подачи

ИНСТРУКЦИИ:

a) В чаше стационарного миксера с насадкой-лопаткой взбейте сливочный сыр и сливочное масло до получения однородной массы.

b) Добавьте смесь для кекса, сахарную пудру и коричневый сахар. Хорошо перемешайте.

c) Соскребите смесь на большой кусок полиэтиленовой пленки. Используйте пленку, чтобы сформировать из смеси шар. Охладите в полиэтиленовой пленке, пока он не станет достаточно твердым, чтобы его можно было взять в руки, около 30 минут.

d) Выложите шоколадные чипсы на тарелку. Разверните сырный шарик и обваляйте его в шоколадной стружке.

e) Подавайте с ванильным печеньем, крекерами Грэм и т. д.

27. Чизкейк Red Velvet Brownie Bites

Получается: 30 кусочков брауни.

ИНГРЕДИЕНТЫ:
ДЛЯ ДОМАШНИХ:
- 8 столовых ложек несоленого сливочного масла, растопленного
- 1 стакан сахара
- ¼ стакана несладкого какао-порошка
- ½ чайной ложки ванильного экстракта
- 1 столовая ложка красного пищевого красителя
- ⅛ чайной ложки соли
- ½ чайной ложки белого уксуса
- 2 больших яйца, слегка взбитых
- ¾ стакана универсальной муки

ДЛЯ НАЧИНКИ ДЛЯ ЧИЗКЕЙКА:
- Пакет на 8 унций размягченного сливочного сыра
- 3 столовые ложки сахара
- ½ чайной ложки ванильного экстракта
- 1 большой яичный желток

ИНСТРУКЦИИ:

ПРИГОТОВЬТЕ ТЕСТО ДЛЯ БРАУНИ:

a) Разогрейте духовку до 350ºF. Смажьте форму для мини-маффинов кулинарным спреем.

b) В большой миске смешайте растопленное сливочное масло, сахар, какао-порошок, экстракт ванили, пищевой краситель и соль, пока они не смешаются, а затем добавьте белый уксус.

c) Добавьте яйца и перемешайте до объединения. Всыпать муку, пока не смешано. Отложите смесь для брауни в сторону.

СДЕЛАТЬ НАЧИНКУ ДЛЯ ЧИЗКЕЙКА:

d) В чаше стационарного миксера с насадкой-лопаткой взбейте сливочный сыр с сахаром, ванильным экстрактом и яичным желтком до однородности. Переложите смесь для чизкейка в кондитерский мешок или закрывающийся пластиковый пакет и отрежьте кончик.

e) Используя небольшую ложку для мороженого, выложите примерно по 1 столовой ложке теста для брауни в каждую ячейку формы для мини-маффинов. Выложите примерно 1 чайную ложку смеси для чизкейка поверх теста для брауни, затем добавьте еще 1 чайную ложку теста для брауни. С помощью зубочистки смешайте тесто для брауни и смесь для чизкейка.

f) Выпекайте кусочки брауни около 12 минут или пока смесь для чизкейка полностью не пропечется. Достаньте кусочки брауни из духовки и дайте им остыть в форме в течение примерно 5 минут, прежде чем вынимать их.

28. Красный бархатный попкорн

Делает: 8 порций

ИНГРЕДИЕНТЫ

- 16 стаканов попкорна
- 3 стакана крошки для торта «Красный бархат»
- 20 унций белого шоколада или белых тающих конфет

ИНСТРУКЦИИ

a) Всыпьте попкорн с помощью воздушного поппера в большую миску.

b) Растопите белый шоколад согласно инструкции на упаковке. Я использую пароварку для белого шоколада.

c) Вылейте растопленный шоколад на попкорн и перемешайте, чтобы он полностью покрылся.

d) Высыпьте попкорн на застеленный вощеной бумагой стол и посыпьте крошками из красного бархата.

e) Дайте ему полностью высохнуть перед едой.

29. Рисовые хлопья Red Velvet

Делает: 12 порций

ИНГРЕДИЕНТЫ
- 10,5 унций мини-зефира
- 3 столовые ложки сливочного масла
- ½ чайной ложки
- ¾ стакана смеси для торта «Красный бархат»
- 6 чашек хрустящих рисовых хлопьев
- ½ чайной ложки красного пищевого красителя по желанию

ИНСТРУКЦИИ
a) В большой кастрюле на среднем огне растопите сливочное масло и мини-зефир.

b) Когда зефир полностью растает, добавьте ванильную смесь и смесь для торта «Красный бархат». Если вы чувствуете, что он должен быть более красным, добавьте пищевой краситель на этом этапе.

c) Снимите с огня и аккуратно добавьте рисовые криспи, пока они не будут равномерно покрыты.

d) Как только все будет объединено, равномерно распределите между пенопластовыми лотками.

e) Накройте противни полиэтиленовой пленкой и подавайте.

30. <u>Чипсы Красный бархат</u>

Делает: 1

ИНГРЕДИЕНТЫ:

- 4 средние свеклы, промыть и нарезать тонкими ломтиками
- 1 чайная ложка морской соли
- 2 столовые ложки оливкового масла
- Хумус, для подачи

ИНСТРУКЦИИ:

a)   Разогрейте фритюрницу до 380°F.

b)   В большой миске смешайте свеклу с морской солью и оливковым маслом, пока она не будет хорошо покрыта.

c)   Положите ломтики свеклы во фритюрницу и разложите их в один слой.

d)   Жарить 10 минут. Перемешайте, затем жарьте еще 10 минут. Снова перемешайте, затем жарьте еще 5—10 минут или пока чипсы не приобретут желаемую хрустящую корочку.

e)   Подавать с любимым хумусом.

31. Укроп и чесночная свекла

Делает: 2 порции

ИНГРЕДИЕНТЫ:

- 4 свеклы, очищенные, очищенные и нарезанные
- 1 зубчик чеснока, измельченный
- 2 столовые ложки нарезанного свежего укропа
- ¼ чайной ложки соли
- ¼ чайной ложки черного перца
- 3 столовые ложки оливкового масла

ИНСТРУКЦИИ:

a) Разогрейте фритюрницу до 380°F.

b) В большой миске смешайте все ингредиенты, чтобы свекла была хорошо покрыта маслом.

c) Вылейте свекольную смесь в корзину аэрофритюрницы и обжаривайте в течение 15 минут перед перемешиванием, затем продолжайте обжаривать еще 15 минут.

32. Салат-закуска «Красный бархат»

Делает: 4 порции

ИНГРЕДИЕНТЫ

- 2 фунта свеклы
- Соль
- ½ каждой испанской луковицы, нарезанной кубиками
- 4 помидора, очищенных от кожицы, семян и нарезанных кубиками
- 2 столовые ложки уксуса
- 8 столовых ложек оливкового масла
- Маслины
- по 2 зубчика чеснока, нарезать
- 4 столовые ложки итальянской петрушки, нарезанной
- 4 столовые ложки кинзы, нарезанной
- 4 средних Картофель, вареный
- Соль и перец
- Острый красный перец

ИНСТРУКЦИИ:

a) Отрежьте кончики свеклы. Хорошо промыть и отварить в кипящей подсоленной воде до мягкости. Слить воду и снять кожицу под проточной холодной водой. Игральная кость.

b) Смешать ингредиенты заправки.

c) Смешайте свеклу в салатнице с луком, помидорами, чесноком, кинзой и петрушкой. Полить половиной заправки, аккуратно перемешать и поставить в холодильник на 30 минут. Нарежьте картофель, положите в неглубокую миску и перемешайте с оставшейся заправкой. Холод.

d) Когда все будет готово к сборке, разложите свеклу, помидоры и лук в центре неглубокой миски и разложите картофель кольцом вокруг них. Украсить оливками.

33. Свекольные лодки

Делает: 6 порций

ИНГРЕДИЕНТЫ:

- 8 маленьких свеклы
- 10 унций крабового мяса, консервированного или свежего
- 2 чайные ложки рубленой свежей петрушки
- 1 чайная ложка лимонного сока

ИНСТРУКЦИИ:

a) Готовьте свеклу на пару в течение 20-40 минут или до мягкости. Промойте холодной водой, очистите и дайте остыть. Тем временем смешайте крабовое мясо, петрушку и лимонный сок.

b) Когда свекла остынет, разрежьте ее пополам и выскоблите центры с помощью шпателя для дыни или чайной ложки, сделав углубление. Начинить крабовой смесью.

c) Подавайте в качестве закуски или на обед вместе с жареной зеленью свеклы.

34. Оладьи из красного бархата

Делает: 6 порций

ИНГРЕДИЕНТЫ:
- 2 стакана натертой сырой свеклы
- ¼ стакана лука, нарезанного кубиками
- ½ стакана панировочных сухарей
- 1 большое яйцо, взбитое
- ¼ чайной ложки имбиря
- Соль и перец для вкуса

ИНСТРУКЦИИ:

a) Смешайте все ингредиенты. Выложите порции размером с блин на горячую, смазанную маслом сковороду.

b) Готовьте до коричневого цвета, перевернув один раз.

c) Подавайте со сливочным маслом, сметаной, йогуртом или любой их комбинацией.

ОСНОВНОЙ БЛЮД

35. Суп из красного бархата

Делает: 2

ИНГРЕДИЕНТЫ
- ½ стакана свеклы, нарезанной кубиками
- ½ стакана моркови, нарезанной кубиками
- ½ стакана помидоров, нарезанных кубиками
- ¼ чашки расколотой и очищенной красной чечевицы
- 1 луковица
- 4-5 зубчиков чеснока
- 1 чайная ложка масла/топленого масла
- 1 столовая ложка миндальной стружки
- 1 чайная ложка порошка черного перца
- по вкусу Соль

ИНСТРУКЦИИ
a) Разогрейте масло/топленое масло в кастрюле под давлением и обжарьте лук и чеснок.

b) Добавьте все нарезанные кубиками овощи и промытую чечевицу и тушите некоторое время.

c) Добавьте один стакан воды и готовьте под давлением.

d) Затем измельчите его в пюре и пропустите через сито или дуршлаг.

e) Добавьте еще одну чашку воды или больше в зависимости от желаемой густоты.

f) Добавить соль и черный перец и варить 5-7 минут на медленном огне.

36. Салат Красный бархат со свеклой и Моцареллой

Делает: 4 порции

ИНГРЕДИЕНТЫ
- ½ красной капусты
- ½ сока лайма
- 3 столовые ложки свекольного сока
- 3 столовые ложки сиропа агавы
- 3 вареные свеклы
- 150 гр сырных шариков Моцарелла
- 2 столовые ложки мелко нарезанного зеленого лука
- 2 столовые ложки жареных кедровых орешков

ИНСТРУКЦИИ

a) Краснокочанную капусту нарежьте овощечисткой на тонкие полоски.

b) Возьмите миску и смешайте свекольный сок с 2 столовыми ложками сиропа агавы и соком половинки лайма.

c) Смешайте это с нарезанной красной капустой и оставьте мариноваться на полчаса.

d) После этого дайте капусте стечь в сито.

e) Из приготовленной красной свеклы парижской ложкой получаются маленькие шарики.

f) Посыпьте эти шарики 1 столовой ложкой сиропа агавы.

g) Кедровые орешки обжарьте на сковороде, пока они не станут золотисто-коричневыми. Выкладываем обсушенную краснокочанную капусту в тарелку.

h) Положите на него красную свеклу и шарики моцареллы. Сверху разложить кедровые орешки и мелко нарезанный зеленый лук.

37. Красные бархатные куриные палочки

Делает: 12

ИНГРЕДИЕНТЫ:
- 12 куриных вырезок
- 1 ½ стакана муки
- Щепотка соли
- 1 ½ столовой ложки разрыхлителя
- ¼ стакана сахарной пудры
- 2 столовые ложки какао-порошка
- 1 ⅔ стакана молока
- 1 чайная ложка ванильного экстракта
- 1 унция красного пищевого красителя
- 1 яйцо
- 5 больших кубиков льда
- Дополнительная мука
- Масло для жарки

ИНСТРУКЦИИ:
a) Очень хорошо взбейте влажные ингредиенты.
b) Смешайте сухие ингредиенты.
c) Добавьте лед к влажным ингредиентам, затем всыпьте его в сухие ингредиенты. Смешайте до объединения.
d) Посыпьте курицу солью, обваляйте в муке и окуните в кляр.
e) Жарьте при 350 ° F в течение 5 минут, пока курица не будет полностью приготовлена, переворачивая при необходимости.
f) Поставьте охлаждаться. Солить сразу. Подавайте с медово-горчичным соусом, соусом барбекю или другими любимыми приправами.

38. Красный бархатный бургер

Делает: 4 порции

ИНГРЕДИЕНТЫ
- 2-3 веточки тимьяна, нарезать
- ½ стакана свекольного сока
- 1/2 кубика свежих дрожжей
- 1 яйцо, отделенное
- 250 г пшеничной муки
- 1 столовая ложка сахара
- примерно 1 чайная ложка соли
- 40 г мягкого сливочного масла
- 1 зубчик чеснока
- 1 столовая ложка каперсов
- 120 грамм майонеза
- перец из мясорубки
- 4-8 листьев салата, промыть и обсушить
- 1 горсть ростков свеклы, промытых и высушенных
- 500 г говяжьего фарша
- 1 столовая ложка оливкового масла
- 1 мини-огурец, нарезанный

ИНСТРУКЦИИ:

a) Свекольный сок подогреть, всыпать дрожжи и растворить при помешивании.

b) Из дрожжевой смеси, муки, сахара, 1/2 ч.л. соли, сливочного масла, половины листьев тимьяна и яичного желтка замесить однородное тесто, накрыть и оставить подниматься в теплом месте на 1 час.

c) Замесите тесто, сформируйте из него 4 плоские булочки для гамбургеров и оставьте подниматься еще на 20 минут.

d) Разогрейте духовку до 200°C.

e) Смажьте рулеты яичным белком, посыпьте оставшимся тимьяном и запекайте в духовке 15-20 минут.

f) Дайте булочкам остыть на решетке.

g) Для айоли очистите чеснок и мелко нарежьте вместе с каперсами.

h) Смешать майонез с чесноком и каперсами, приправить солью и перцем.

i) Приправьте говяжий фарш солью и перцем, сформируйте из него 4 котлеты для гамбургеров, обжарьте на сковороде-гриль в разогретом масле по 4-5 минут с каждой стороны.

j) Разрежьте булочки, смажьте срезы обеих половинок айоли, накройте нижнюю часть салатом, котлетами для бургеров, ломтиками огурца и ростками свеклы, накройте верхними половинками и подавайте.

39. Скумбрия красный бархат со свеклой

Делает: 4 порции

ИНГРЕДИЕНТЫ

- 2 испанские скумбрии (около 2 фунтов каждая), очищенные от чешуи и удаленные жабры
- 2 ¼ чашки рассола фенхеля
- 1 столовая ложка оливкового масла
- 1 средняя луковица, мелко нарезанная
- 2 средние свеклы, жареные, вареные, приготовленные на гриле или консервированные; мелко порезанный
- 1 кислое яблоко, очищенное от кожуры, сердцевины и мелко нарезанное
- 1 зубчик чеснока, измельченный
- 1 столовая ложка мелко нарезанного свежего укропа или листьев фенхеля
- 2 столовые ложки свежего козьего сыра
- 1 лайм, разрезать на 8 долек

ИНСТРУКЦИИ:

a) Промойте рыбу и положите ее в 1-галлонный пакет с застежкой-молнией вместе с рассолом, выдавите воздух и закройте пакет. Охладите от 2 до 6 часов.

b) Нагрейте масло в большой сковороде на среднем огне. Добавьте лук и пассеруйте до мягкости, около 3 минут. Добавьте свеклу и яблоко и жарьте, пока яблоко не станет мягким, около 4 минут. Добавьте чеснок и укроп и прогрейте, около 1 минуты. Охладите смесь до комнатной температуры и добавьте козий сыр.

c) Тем временем зажгите гриль для прямого среднего нагрева, около 375 ¡F.

d) Достаньте рыбу из рассола и обсушите. Слейте рассол. Наполните полости рыбы остывшей свекольно-яблочной смесью и при необходимости завяжите ниткой.

e) Смажьте решетку гриля и смажьте ее маслом. Жарьте рыбу до тех пор, пока кожа не станет хрустящей, а рыба не будет казаться непрозрачной на поверхности, но все еще будет пленчатой и влажной в середине (130¼F по термометру с мгновенным считыванием), по 5–7 минут с каждой стороны. Переложите рыбу на сервировочное блюдо и подавайте с дольками лайма.

40. Ризотто красный бархат

Делает: 4

ИНГРЕДИЕНТЫ:

- 50 г сливочного масла
- 1 луковица, мелко нарезанная
- 250 г риса для ризотто
- 150 мл белого вина
- 1 литр овощного бульона
- 300 г вареной свеклы
- 1 лимон, очищенный от цедры и сока
- петрушка плосколистная небольшой пучок, крупно нарезанный
- 125 г мягкого козьего сыра
- горсть грецких орехов, поджаренных и нарезанных

ИНСТРУКЦИИ:

41. Растопите сливочное масло в глубокой сковороде и обжарьте лук с приправами в течение 10 минут, пока он не станет мягким. Всыпьте рис и перемешайте, пока все зерна не будут покрыты, затем влейте вино и кипятите 5 минут.

42. Добавляйте бульон половником за раз, помешивая, добавляя только после того, как предыдущая порция впитается.

43. Тем временем возьмите ½ свеклы и взбейте ее в небольшом блендере до однородной массы, а оставшуюся часть нарежьте.

44. Когда рис будет готов, добавьте взбитую и нарезанную свеклу, цедру и сок лимона и большую часть петрушки. Разложите по тарелкам и посыпьте крошкой козьего сыра, грецкими орехами и оставшейся петрушкой.

45. красный вельветСлайдеры

Делает: 4 порции

ИНГРЕДИЕНТЫ:

СВЕКЛА

- 1 зубчик чеснока, слегка раздавленный и очищенный
- 2 очищенные, нарезанные моркови
- Щепотка Соль и перец
- 1 луковица, очищенная и нарезанная на четвертинки
- 4 свеклы
- 1 столовая ложка семян тмина
- 2 стебля сельдерея, промытых, обрезанных

ОДЕЖДА:

- ½ стакана майонеза
- ⅓ стакана пахты
- ½ стакана нарезанной петрушки, шнитт-лука, эстрагона или тимьяна
- 1 столовая ложка лимонного сока свежевыжатого
- 1 чайная ложка пасты из анчоусов
- 1 нарезанный зубчик чеснока
- Соль перец

НАПОЛНЕНИЕ:

- Слайдерные булочки
- 1 тонко нарезанная красная луковица
- Горсть смешанной микрозелени

ИНСТРУКЦИИ:

ОТДЕЛКА

a) Смешайте пахту, травы, майонез, лимонный сок, пасту из анчоусов, чеснок, соль и перец.

СВЕКЛА

b) В жаровне отварить свеклу, сельдерей, морковь, лук, чеснок, тмин, соль и перец в течение 55 минут.

c) Очистите свеклу и нарежьте ее ломтиками.

d) Обжарьте ломтики свеклы по 3 минуты с каждой стороны на сковороде, смазанной кулинарным спреем.

СОБРАТЬ

e) Разложите булочки на тарелке и посыпьте свеклой, соусом винегрет, красным луком и микрозеленью.

f) Наслаждаться.

46. <u>Креветки с амарантом и козьим сыром</u>

Делает: 4

ИНГРЕДИЕНТЫ:
- 2 свеклы по спирали
- 4 унции размягченного козьего сыра
- ½ стакана микрозелени рукколы, слегка нарезанной
- ½ стакана микрозелени амаранта, слегка нарезанной
- 1 фунт креветок
- 1 чашка измельченных грецких орехов
- ¼ стакана сырого тростникового сахара
- 1 столовая ложка сливочного масла
- 2 столовые ложки оливкового масла Extra Virgin

ИНСТРУКЦИИ:

a) Прежде чем приступить к приготовлению, оставьте козий сыр размягчаться на 30 минут.

b) Разогрейте духовку до 375 градусов

c) Нагрейте сковороду на умеренном огне.

d) Добавьте грецкие орехи, сахар и масло в сковороду и часто помешивайте на умеренном огне.

e) Постоянно помешивайте, как только сахар начнет таять.

f) Как только грецкие орехи будут покрыты, немедленно переложите их на лист пергаментной бумаги и разделите орехи, чтобы они не затвердели и не слиплись. Отложить

g) Нарежьте свеклу спиралями.

h) Перемешайте спирали с оливковым маслом и морской солью.

i) Разложите свеклу на противне и запекайте в духовке 20-25 минут.

j) Промойте креветки и добавьте в кастрюлю.

k) Наполните кастрюлю водой и морской солью. Довести до кипения.

l) Слейте воду и поместите его в ледяную баню, чтобы остановить приготовление.

m) Срежьте и слегка нарежьте микрозелень рукколы. Отложите.

n) Добавьте микрозелень в размягченный сыр, оставив по несколько щепоток каждой микрозелени.

o) Смешайте микрозелень и сыр.

p) Соскребите сырную смесь в шар.

q) Тарелка свеклы.

r) Добавьте ложку сыра поверх свеклы.

s) Вокруг тарелки разложите грецкие орехи.

t) Добавьте креветки и посыпьте оставшейся микрозеленью, солью и молотым перцем.

47. Жареные гребешки и капуста с соусом из свежей свеклы

Делает: 4 порции

ИНГРЕДИЕНТЫ:

- 1¼ стакана свежевыжатого свекольного сока
- Фруктовое оливковое масло
- 1 чайная ложка белого винного уксуса
- Кошерная соль; пробовать
- Свежемолотый черный перец; пробовать
- 1¼ фунта свежих морских гребешков
- Несколько капель свежевыжатого лимонного сока
- 1 фунт молодых листьев капусты; жесткий центральный стержень удален
- Несколько капель хересного уксуса
- Свежий зеленый лук; нарезать на палочки
- Крошечные кубики желтого сладкого перца

ИНСТРУКЦИИ:

a) Поместите свекольный сок в нереактивную кастрюлю и кипятите, пока его объем не уменьшится примерно до ½ стакана.

b) Выключив огонь, медленно взбейте 2-3 столовые ложки оливкового масла, чтобы соус загустел. Вмешайте белый винный уксус, соль и перец по вкусу. Отложите и держите в тепле.

c) Слегка смажьте гребешки маслом и приправьте солью, перцем и несколькими каплями лимонного сока.

d) Смажьте листья капусты маслом и слегка приправьте. Обжаривайте капусту с обеих сторон, пока листья слегка не обуглятся и не прожарятся.

e) Поджарьте гребешки на гриле до готовности (центр должен быть слегка непрозрачным). Красиво разложите капусту в центре теплых тарелок и сбрызните ее несколькими каплями хересного уксуса.

f) Сверху положите гребешки и полейте свекольным соусом. Украсьте палочками зеленого лука и желтым перцем и сразу же подавайте.

СУП

48. Борщ со свеклой

Делает: 2 порции

ИНГРЕДИЕНТЫ:
- 1 банка целой свеклы
- 4 стакана воды
- 1 целая луковица, очищенная
- соль
- 2 столовые ложки с горкой сахара
- ¼-½ чайной ложки кислой соли

ИНСТРУКЦИИ:

a) Отварить лук в воде 10 минут. Добавить тертую (нашинкованную) свеклу с соком и все остальные ингредиенты.

b) Варить 5 минут. более.

c) Попробуйте и отрегулируйте приправы.

d) Подавать горячим или холодным.

49. Капустно-свекольный суп

Делает: 8 порций

ИНГРЕДИЕНТЫ:

- 1 зеленая капуста; нарезанный или долька
- 3 чеснока; гвоздика молотая
- свекла; связка
- 3 моркови; немного
- 1 л лука
- 2 сельдерея; стебли разрезать на 3 части
- 3 фунта кости; мясо/мозговые кости
- 2 лимона
- 2 банки помидоров; не сливать

ИНСТРУКЦИИ:

a) Положите мясо и кости в 8- или 12-литровую кастрюлю. Выложите в банки помидоры, залейте водой и доведите до кипения.

b) Тем временем подготовьте овощи. Свеклу и морковь нарезаем, остальные кладем целиком. Когда бульон закипит, снять верх.

c) Положите свеклу, морковь, чеснок и другие овощи. Убавьте огонь до кипения и держите крышку наискось.

d) Примерно через час положить чеснок и сахар.

50. Суп из свеклы и пахты

Делает: 6 порций

ИНГРЕДИЕНТЫ:

- 5 свеклы
- 3 стакана пахты
- ¾ стакана нарезанного зеленого лука
- ⅔ стакана светлой сметаны
- 2 столовые ложки нарезанного свежего укропа или кориандра
- 1 ½ чайной ложки сахарного песка
- 1 ½ чайной ложки белого уксуса
- ¼ чайной ложки соли
- 1 стакан огурцов; (нарезанный кубиками)
- веточки свежего укропа или кориандра

ИНСТРУКЦИИ:

a) В кастрюле с кипящей подсоленной водой накройте крышкой и варите свеклу, пока она не станет мягкой и кожица не будет легко сниматься, около 25 минут. Слейте и дайте остыть; снимите кожицу и нарежьте кубиками размером ¼ дюйма (5 мм). Накройте и поставьте в холодильник до застывания.

b) В большой миске смешайте пахту, ½ стакана (125 мл) лука, сметану, укроп, сахар, уксус и соль. Накройте крышкой и поставьте в холодильник до охлаждения или на срок до 6 часов. Попробуйте и отрегулируйте приправу.

c) Разлейте молочную смесь по сервировочным тарелкам. Всыпать свеклу и огурец.

d) Украсьте оставшимся зеленым луком и веточками укропа или кинзы.

51. Свекольный карри

Делает: 4 порции

ИНГРЕДИЕНТЫ:

- 3 столовые ложки гхи
- 1 щепотка семян тмина
- по 1 лавровому листу
- 2½ столовые ложки нарезанного лука
- ¼ чайной ложки кайенского перца
- ¼ чайной ложки гарам масала
- 1 средний картофель, нарезанный кубиками
- ½ стакана зеленого горошка
- 15 унций свеклы, приготовленной и нарезанной кубиками
- ½ чайной ложки соли

ИНСТРУКЦИИ:

a) Разогрейте топленое масло и обжарьте семена тмина, лавровый лист, пряный лук, кайенский перец и гарам масала в течение 1 минуты.

b) Добавьте картофель, горох и свеклу и готовьте на медленном огне в течение 2 минут. Добавьте соль и немного воды.

c) Слегка варите, пока картофель не станет мягким.

d) Подавать с рисом.

52. Крем-суп из свеклы

Делает: 6 порций

ИНГРЕДИЕНТЫ:

- 1 фунт свеклы, очищенной и крупно нарезанной (около 3 средних)
- 1 большая луковица, крупно нарезанная
- 1 веточка свежего майорана ИЛИ
- 1 чайная ложка сушеного нарезанного свежего тимьяна
- 3 столовые ложки несоленого сливочного масла
- 1 литр куриного или овощного бульона
- ½ стакана густых сливок
- 2 столовые ложки хорошего красного винного уксуса
- Соль
- Перец
- ½ стакана густых сливок, слегка взбитых
- Маленькие гренки
- ¼ стакана рубленой свежей зелени, например, укропа или майорана

ИНСТРУКЦИИ:

a) Готовьте свеклу, лук и майоран в масле в 4-литровой кастрюле на среднем огне, пока лук не начнет слегка смягчаться, около 10 минут. Добавьте бульон, частично накройте кастрюлю крышкой и варите около 30 минут, пока свекла не станет полностью мягкой.

b) Проверьте их, попробовав раздавить одну о стенку кастрюли деревянной ложкой. При необходимости варите дольше.

c) Суп-пюре измельчить в блендере или кухонном комбайне. Если вы хотите, чтобы у супа была более однородная текстура, процедите его через сито среднего размера. Добавьте сливки или уксус и снова доведите суп до кипения. Приправить солью и перцем.

d) При подаче разлейте по тарелкам и украсьте взбитыми сливками, гренками и зеленью или подавайте гарниры отдельно и дайте посетителям приготовить еду самим.

53. Суп из шпината и свеклы

Делает: 8 порций

ИНГРЕДИЕНТЫ:
- ½ стакана нута
- 2 стакана шпината; нарезанный
- 1 стакан фасоли
- 1 стакан свежей травы укропа -или-
- ¼ стакана сушеного укропа
- 1 стакан чечевицы
- 4 свеклы; очищенный и нарезанный кубиками
- 1 большая луковица; нарезанный (до)
- 2 столовые ложки муки (до)
- 2 суповые кости; необязательный
- Жареный лук и сухие листья мяты (для украшения)
- Соль и перец по вкусу
- Масло для жарки (до)
- 8 стаканов воды

ИНСТРУКЦИИ:

a) Замочите нут и фасоль на 2 часа или на ночь. Чечевицу отварить в 1-2 стаканах воды, пока она не станет мягкой, но не кашеобразной, и отложить в сторону.

b) Обжарьте кости и лук в масле в большой кастрюле. Приправьте по вкусу и добавьте воду, нут, фасоль и свеклу. Варить, пока нут не станет мягким.

c) Удалите кости и добавьте шпинат, укроп и чечевицу. Время от времени перемешивайте. Тем временем подрумяньте муку в небольшом количестве масла и добавьте в суп, чтобы он загустел.

d) Поставить суп на слабый огонь и часто помешивать до готовности. Подавайте в тарелке и украсьте жареным луком или сушеными листьями мяты, добавленными в горячее масло.

54. Суп Красный бархат

Делает: 2 порции

ИНГРЕДИЕНТЫ:
- 1 крупная свекла
- 1 стакан воды
- 2 щепотки порошка тмина
- 2 щепотки перца
- 1 щепотка корицы
- 4 щепотки соли
- Выжимка из лимона
- ½ столовой ложки топленого масла

ИНСТРУКЦИИ:
a) Отварите свеклу, затем очистите.
b) Смешайте с водой и отфильтруйте по желанию.
c) Вскипятите смесь, затем добавьте оставшиеся ингредиенты и подавайте.

САЛАТЫ

55. Свекла с апельсиновой гремолатой

Делает: 12 порций

ИНГРЕДИЕНТЫ:
- 3 золотистые свеклы, обрезанные
- 2 столовые ложки сока лайма
- 1 чайная ложка апельсиновой цедры
- 2 столовые ложки семян подсолнечника
- 1 столовая ложка измельченной петрушки
- 3 столовые ложки козьего сыра
- 1 столовая ложка измельченного шалфея
- 2 столовые ложки апельсинового сока
- 1 зубчик чеснока, измельченный

ИНСТРУКЦИИ:

a)   Разогрейте аэрофритюрницу до 400°C. Оберните свеклу прочной фольгой и поместите ее на противень в корзине аэрофритюрницы.

b)   Варить до мягкости, 50 минут. Очистить, разрезать пополам и нарезать свеклу; поместить в миску.

c)   Добавьте сок лайма, апельсиновый сок и соль.

d)   Посыпать петрушкой, шалфеем, чесноком и апельсиновой цедрой, сверху посыпать козьим сыром и ядрами подсолнечника.

56. Свекла с зеленью и ломтиками абрикосов

Делает: 4 порции

ИНГРЕДИЕНТЫ:

- 1 средний пучок свеклы с зеленью
- 1⁄3 стакана свежевыжатого лимонного сока
- 2 столовые ложки светло-коричневого сахара
- ½ стакана кураги
- Соль и свежемолотый черный перец

ИНСТРУКЦИИ:

a) Разогрейте духовку до 400°F. Удалите зелень со свеклы и хорошо промойте ее, затем нарежьте поперек на полоски шириной ½ дюйма. Отложите. Хорошо помойте свеклу.

b) Плотно заверните свеклу в алюминиевую фольгу и запекайте до мягкости, около 1 часа.

c) Пока свекла жарится, поместите абрикосы в небольшую жаропрочную миску и залейте их кипятком, чтобы они стали мягкими, примерно на 10 минут. Слить воду, нарезать тонкими ломтиками и отложить в сторону.

d) Когда свекла поджарится, разверните ее и отложите в сторону, чтобы она остыла. Когда свекла достаточно остынет, очистите ее, нарежьте ломтиками толщиной 1/4 дюйма и отложите в сторону.

e) В небольшой кастрюле смешайте лимонный сок, сахар и нарезанные абрикосы и доведите до кипения. Уменьшите огонь до минимума и варите 5 минут. Отложите.

f) Поместите отложенную зелень в сковороду с 2 столовыми ложками воды. Накройте крышкой и доведите до кипения, затем уменьшите огонь до среднего и варите, пока зелень не увянет, а жидкость не выпарится, около 2 минут. Перемешайте абрикосово-лимонную смесь с зеленью и приправьте солью и перцем по вкусу. Добавьте ломтики свеклы и готовьте, пока они не нагреются, примерно 3 минуты. Подавать немедленно.

57. Свекольный салат с фенхелем

Делает: 2 порции

ИНГРЕДИЕНТЫ:

- 3 стакана нарезанной зелени
- ¼ луковицы фенхеля, тонко нарезанной
- ½ стакана нарезанных вареных соцветий брокколи
- ½ стакана нарезанной свеклы
- 1-2 столовые ложки оливкового масла первого холодного отжима
- Сок ½ лимона

ИНСТРУКЦИИ:

a)   В большой миске смешайте зелень, фенхель, брокколи и свеклу.

b)   Смешайте с оливковым маслом и лимонным соком.

58. Салат из свеклы и фундука

Делает: 2 порции

ИНГРЕДИЕНТЫ:

- 2 чашки молодого шпината
- ½ авокадо, нарезанного кубиками
- 1 стакан свеклы, нарезанной кубиками
- ¼ стакана фундука
- 2 столовые ложки оливкового масла первого холодного отжима
- 1 столовая ложка бальзамического уксуса

ИНСТРУКЦИИ:

a) Положите в миску шпинат, авокадо, свеклу и фундук. Заправьте маслом и уксусом.

b) Бросьте и наслаждайтесь.

59. Салат из свеклы и помидоров

Делает: 2 порции

ИНГРЕДИЕНТЫ:

- ½ стакана свежих помидоров — нарезать
- ½ стакана вареной свеклы — нарезать
- 1 столовая ложка растительного масла
- ¼ столовые ложки семян горчицы
- ¼ столовые ложки семян тмина
- Щепотка куркумы
- 2 щепотки асафетиды
- 4 листа карри
- Солить по вкусу
- Сахар по вкусу
- 2 столовые ложки арахисового порошка
- Свежие нарезанные листья кориандра

ИНСТРУКЦИИ:

a) Разогрейте масло перед добавлением семян горчицы.

b) Когда они начнут лопаться, добавьте тмин, куркуму, листья карри и асафетиду.

c) Смешайте свеклу и помидоры со смесью специй, арахисовым порошком, солью, сахаром и листьями кориандра по вкусу.

60. Смешанный зеленый салат со свеклой

Делает: 4 порции

ИНГРЕДИЕНТЫ:

a) 2 средние свеклы, обрезать верхушки

b) 2 столовые ложки обогащенного кальцием апельсинового сока

c) 1 ½ чайной ложки меда

d) ⅛ чайной ложки соли

e) ⅛ чайной ложки черного перца

f) ¼ стакана оливкового масла

g) 2 столовые ложки сырых очищенных семечек подсолнуха

h) 1 апельсин, порезанный на дольки

i) 3 чашки салатной зелени в упаковке

j) ¼ стакана обезжиренного сыра фета, раскрошенного

ИНСТРУКЦИИ:

● В средней кастрюле залейте свеклу водой. Доведите до кипения, затем уменьшите огонь до слабого.

● Готовьте в течение 20-30 минут или до мягкости вилки, накрыв крышкой. Свекла должна быть слита.

● Когда свекла достаточно остынет, чтобы ее можно было брать в руки, очистите ее под проточной водой и нарежьте дольками.

● Тем временем смешайте в банке апельсиновый сок, мед, чеснок, соль и перец.

● Вмешайте оливковое масло, пока заправка не станет однородной. Убрать из уравнения.

● В небольшой сковороде растопить сливочное масло на среднем огне.

- В сухой сковороде обжарьте семечки подсолнечника в течение 2–3 минут или до появления аромата.
- Смешайте свеклу, семена подсолнечника, дольки апельсина, смесь зелени и сыр фета в большой сервировочной миске.

61. Салат из радужной свеклы и фисташек

Делает: 2 порции

ИНГРЕДИЕНТЫ:
- 2 небольших пучка радужной свеклы, обрезанных
- Рапсовое масло для свеклы

БАЗИЛИКОВОЕ ЛИМОННОЕ ОЛИВКОВОЕ МАСЛО:
- 2 чашки свободно упакованного базилика
- скудная ¼ стакана оливкового масла
- ½ сока лимона
- щепотка кошерной соли
- 1 столовая ложка нарезанных фисташек
- 1 чашка микрозелени
- Соль с цитрусовыми травами – по желанию.

ИНСТРУКЦИИ:
a) Смешайте свеклу с 1–2 столовыми ложками масла канолы, пока она не будет слегка покрыта.

b) Положите свеклу на противень с бортиками, накройте фольгой и запекайте на гриле в течение 30–45 минут или до тех пор, пока она не станет мягкой и не подрумянится.

c) Снимите кожуру со свеклы и выбросьте ее.

d) Чтобы приготовить базиликовое оливковое масло, смешайте все ингредиенты в блендере до получения однородной массы.

e) Сбрызните дно двух маленьких тарелок небольшим количеством базиликового оливкового масла.

f) На каждую тарелку насыпьте небольшое количество микрозелени, половину свеклы, цитрусовую соль и фисташки.

g) Поместите оставшуюся микрозелень поверх каждой тарелки.

62. Салат Розовый Красный бархат

Делает: 2 порции

ИНГРЕДИЕНТЫ

САЛАТ

- 4 целых моркови
- ⅓ средней красной луковицы, нарезанной полукольцами
- 1 большая свекла
- 1 розовый грейпфрут, разрезанный на части
- 1 горсть крупно нарезанных фисташек

ВИНЕГРЕТ

- ½ стакана оливкового масла
- ¼ стакана рисового винного уксуса
- 1 чайная ложка горчицы
- 1 чайная ложка кленового сиропа
- 1-2 зубчика чеснока, измельчить
- соль и перец для вкуса

ИНСТРУКЦИИ:

- Нарежьте свеклу средними дольками и поместите в контейнер для микроволновой печи, накройте крышкой и готовьте в микроволнах, пока она не станет мягкой. У меня ушло 6 с половиной минут. Я предпочитаю не очищать свои, так как я не возражаю против кожи, но делаю то, что вам нравится.

- Используя овощечистку для моркови, срежьте длинные полоски с каждой моркови, пока не дойдете до сердцевины и больше не сможете срезать. Сохраните ядра для жевания позже.

- В большой миске поместите все ингредиенты для салата, кроме фисташек.

- В другую миску поместите все ингредиенты для заправки и взбивайте до образования эмульсии.

- Когда вы будете готовы подавать салат, сбрызните его достаточным количеством заправки, чтобы покрыть его, а остальное приберегите для завтрашнего салата.

- Посыпьте фисташками и готово.

63. Салат из желтой свеклы с грушами

Делает: 2 порции

ИНГРЕДИЕНТЫ:

- 3-4 средние желтые свеклы
- 2 столовые ложки белого бальзамического уксуса
- 3 столовые ложки веганского майонеза, домашнего приготовления (см. Веганский майонез) или купленного в магазине
- 3 столовые ложки веганской сметаны, домашней (см. Сметана с тофу) или купленной в магазине
- 1 столовая ложка соевого молока
- 1½ столовые ложки измельченного свежего укропа
- 1 столовая ложка измельченного лука-шалота
- ½ чайной ложки соли
- ¼ложка свежемолотого черного перца
- 2 спелые груши Боск
- Сок 1 лимона
- 1 небольшой кочан красного листового салата, порванный на небольшие кусочки

ИНСТРУКЦИИ:

a) Варите свеклу до мягкости, затем остудите и очистите. Нарежьте свеклу спичками и положите их в неглубокую миску. Добавьте уксус и перемешайте. Отложите.

b) В небольшой миске смешайте майонез, сметану, соевое молоко, укроп, лук-шалот, соль и перец. Отложите.

c) У груш удалите сердцевину и нарежьте их кубиками размером 1⁄4 дюйма. Поместите груши в миску среднего размера, добавьте лимонный сок и аккуратно перемешайте. Разложите салат по 4 салатным тарелкам, сверху выложите груши и свеклу. Полить салат заправкой, посыпать орехами пекан и подавать.

64. Салат из свеклы и тофу

Делает: 4 порции

ИНГРЕДИЕНТЫ:

- 3 свеклы; очищенная ИЛИ 5 небольших свеклы
- 1 маленькая красная луковица Бермудских островов; нарезать тонкими кольцами и разделить
- 1 фунт твердого или особо твердого тофу; слить воду и нарезать кубиками по ½ дюйма
- ¼ чашки красного винного уксуса
- 2 столовые ложки бальзамического уксуса
- ¼ стакана оливкового масла; или меньше по вкусу
- ½ чайной ложки сушеного орегано
- Соль и перец

ИНСТРУКЦИИ:

a) Варите свеклу до тех пор, пока она не станет мягкой, если проверить ее вилкой: на варку и приготовление крупной свеклы может уйти 45 минут.

b) Когда свекла достаточно остынет, разрежьте свеклу пополам, а затем каждую половинку на ломтики толщиной ¼ дюйма. Поместите в миску. Добавьте заправку. Аккуратно перемешайте.

c) Попробуйте на приправы. Подавать сразу или охлажденным. Еще раз перемешайте непосредственно перед подачей на стол.

65. <u>Салат из грейпфрута, свеклы и голубого сыра</u>

Делает: 1 порция

ИНГРЕДИЕНТЫ:

- ½ пучка кресс-салата; грубые стебли выбрасываются
- 1 грейпфрут
- 1 унция сыра с плесенью; нарезать небольшими тонкими ломтиками
- 2 очищенные вареные свеклы, натертые на крупной терке
- 4 чайные ложки оливкового масла первого отжима
- 1 столовая ложка бальзамического уксуса
- Крупная соль по вкусу
- Перец крупного помола по вкусу

ИНСТРУКЦИИ:

a) Разложите кресс-салат между 2 салатными тарелками и сверху декоративно разложите кусочки грейпфрута и сыр.

b) В небольшой миске смешайте свеклу, 2 чайные ложки масла и уксус и распределите между салатами.

c) Полить салаты оставшимся маслом и приправить солью и перцем.

66. Картофельный салат Красный бархат

Делает: 4 порции

ИНГРЕДИЕНТЫ:
- 1 кг голубого картофеля
- 200 г свеклы
- Соль
- Перец
- 2 пучка зеленого лука
- 250 г сметаны
- 5 столовых ложек белого винного уксуса
- 2 пучка редиски
- ¼ грядки кресс-салата
- ¼ свеклы

ИНСТРУКЦИИ:
a) Картофель и свеклу тщательно моем и варим в большом количестве подсоленной воды около 15 минут.
b) Репчатый лук вымойте, очистите и нарежьте тонкими полосками.
c) Положите зеленый лук в ледяную воду, чтобы он свернулся.
d) Смешать сметану и уксус — приправить солью и перцем.
e) Картофель слить, отложить, очистить и нарезать крупными кубиками.
f) Свеклу промыть холодной водой, очистить и нарезать тонкими ломтиками.
g) Тщательно вымойте редис, очистите и нарежьте.
h) Смешайте картофель, свеклу, зеленый лук и редис с заправкой.
i) Разложить по тарелкам. Посыпать кресс-салатом.

67. Свекольный салат с козьим сыром и грецкими орехами

Делает: 4

ИНГРЕДИЕНТЫ

2 фунта молодой свеклы (красной, желтой и/или чиоджа), обрезанной, стебли и листья зарезервированы

Оливковое масло первого отжима

Кошерная соль

½ стакана измельченного лука-шалота (примерно 2 средних лука-шалота)

7 столовых ложек красного винного уксуса

Свежемолотый черный перец

8 унций свежего мягкого козьего сыра

3 столовые ложки тонко нарезанного свежего зеленого лука

½ стакана универсальной муки

2 больших яйца

1 стакан панировочных сухарей панко

Масло виноградных косточек или другое растительное масло

1 чашка свежей петрушки, крупно нарезанной

½ стакана поджаренных грецких орехов, крупно нарезанных

ИНСТРУКЦИИ:

1. Запеките свеклу. Разогрейте духовку до 450°F. Разложите свеклу в один слой в форму для запекания размером 9 на 13 дюймов. Добавьте столько воды, чтобы она была наполовину по бокам свеклы. Сбрызните оливковым маслом и щедро приправьте солью. Накройте форму для запекания алюминиевой фольгой и плотно закройте. Запекайте свеклу от 1 часа до 1 часа 15 минут или до мягкости при протыкании вилкой.

2. Сделать маринад. Пока свекла жарится, в средней миске смешайте ¼ чашки лука-шалота, 6 столовых ложек красного винного уксуса и ½ чайной ложки соли.

3. Очистить и замариновать свеклу. Когда свекла достаточно остынет, чтобы ее можно было взять в руки, но все еще будет теплой, аккуратно сотрите с нее кожуру бумажным полотенцем. Разрежьте свеклу пополам или на четверть и

переложите в большую миску. Добавить соль и перец по вкусу. Залить маринадом свеклу; бросить пальто. Дать постоять 30 минут для маринования.

4. Сварить стебли и листья свеклы. Нарежьте стебли свеклы на 2-дюймовые кусочки. Сверните листья в плотный рулет и нарежьте под углом на длинные полоски шириной 1 дюйм. В сотейнике разогрейте 1 столовую ложку оливкового масла на среднем огне. Добавьте стебли и приправьте солью. Готовьте, периодически помешивая, от 3 до 5 минут, пока они не станут слегка мягкими. Добавьте листья свеклы и приправьте солью и перцем. Готовьте, периодически помешивая, от 2 до 4 минут, пока не завянет. Добавьте оставшуюся 1 столовую ложку красного винного уксуса. Снимите с огня.

5. Сформировать кружочки из козьего сыра. Достаньте козий сыр из холодильника и дайте постоять при комнатной температуре около 10 минут, пока он не станет слегка мягким. В миске смешайте зеленый лук, оставшиеся ¼ стакана лука-шалота и козий сыр. Приправьте 1 чайной ложкой соли и ½ чайной ложки перца. Смешайте до полного смешивания. Руками сформируйте четыре равных шарика, затем аккуратно сплющите каждый в круг толщиной ¼ дюйма. Перекладываем кружочки на тарелку.

6. Запанируйте козий сыр. Насыпьте муку на неглубокое блюдо и приправьте солью и перцем. Разбейте яйца в неглубокую миску и взбивайте, пока они не смешаются. Насыпьте панировочные сухари на другую неглубокую тарелку. Работая по одному, тщательно обваляйте кружочки козьего сыра в муке; стряхните все лишнее. Окуните обе стороны в яйца, дав стечь излишкам, затем в панировочные сухари; нажмите, чтобы убедиться, что панировочные сухари прилипли. Переложите круги на тарелку и накройте полиэтиленовой пленкой; охладить в холодильнике до непосредственно перед жаркой.

7. Поджарьте козий сыр. Непосредственно перед подачей достаньте козьи сыры из холодильника. Застелите тарелку бумажными полотенцами. В чугунной сковороде или сотейнике нагрейте тонкий слой масла из виноградных косточек на среднем огне до горячего состояния. Масло достаточно горячее, когда несколько панировочных сухарей сразу же шипят при добавлении в сковороду. Добавьте кружочки козьего сыра. Готовьте по 2-4 минуты с каждой стороны, пока они не станут золотисто-коричневыми и хрустящими. Переложите на тарелку и приправьте солью и перцем.

8. Готово и подать салат. Добавьте петрушку и грецкие орехи к жареной свекле; перемешайте, чтобы тщательно объединить. Разделите зелень свеклы (листья), стебли и жареную свеклу среди сервировочных блюд. Сверху на каждую положите кружочек козьего сыра и подавайте.

СТОРОНЫ

68. Жареные корнеплоды

Делает: от 6 до 8 порций

ИНГРЕДИЕНТЫ:

- 3 фунта нарезанной кубиками свеклы
- 1 маленькая красная луковица
- ¼ стакана кокосового масла
- 1 ½ чайной ложки кошерной соли
- ¼ чайной ложки свежемолотого черного перца
- 2 столовые ложки листьев розмарина, нарезанных

ИНСТРУКЦИИ:

a) Расположите решетку посередине духовки и нагрейте духовку до 425°F.

b) Положите корнеплоды и красный лук на противень с бортиками. Сбрызните ¼ стакана кокосового масла, посыпьте кошерной солью и черным перцем и перемешайте, чтобы равномерно покрыть. Разложить ровным слоем.

c) Запекать 30 минут.

d) Достаньте противень из духовки, посыпьте овощи розмарином и перемешайте. Распределите обратно ровным слоем.

e) Продолжайте жарить, пока овощи не станут мягкими и не карамелизируются, еще 10–15 минут.

69. Свекла в Гранд Марнье

Делает: 6 порций

ИНГРЕДИЕНТЫ:

- 6 Свекла, очищенная и нарезанная
- 2 столовые ложки сладкого масла
- 3 столовые ложки Гран Марнье
- 1 чайная ложка натертой цедры апельсина

ИНСТРУКЦИИ:

a) В пароварке над кипящей водой готовьте свеклу под крышкой в течение 25–35 минут или пока она не станет мягкой.

b) Освежите свеклу под холодной водой, снимите кожуру и нарежьте свеклу дольками толщиной ⅜ дюйма.

c) В большой сковороде обжарьте свеклу в масле на умеренном огне, помешивая, в течение 3 минут.

d) Добавьте Grand Marnier, апельсиновую цедру и соль по вкусу; варить смесь под крышкой 3 минуты.

70. Свекла в сметане

Делает: 4 порции

ИНГРЕДИЕНТЫ:
- 16 унций консервированной свеклы, высушенной и нарезанной кубиками
- 1 столовая ложка яблочного уксуса
- по ¼ чайной ложки каждого чеснока, соли и перца
- ¼ стакана сметаны
- 1 чайная ложка сахара

ИНСТРУКЦИИ:
a) Смешайте все ингредиенты в 1-литровой стеклянной кастрюле. Аккуратно перемешайте.
b) Разогрейте в микроволновой печи, накрыв крышкой, 3-5 минут на высокой мощности или пока не прогреется. Перемешивайте каждые 2 минуты.
c) Перед подачей дать постоять под крышкой 2-3 минуты.

71. Красный бархат Клюквенная свекла

Делает: 6 порций

ИНГРЕДИЕНТЫ:

● 1 банка (16 унций) нарезанной кубиками свеклы, без жидкости
● 1 банка (16 унций) соуса из цельных ягод или желе из клюквы
● 2 столовые ложки апельсинового сока
● 1 чайная ложка натертой цедры апельсина
● 1 дэш Соль

ИНСТРУКЦИИ:

a) Смешайте все ингредиенты в кастрюле; тщательно нагревать, периодически помешивая.
b) Подавать сразу. Вкусно с индейкой или ветчиной.

72. Красный бархат Медовая свекла

Делает: 7 порций

ИНГРЕДИЕНТЫ:
- 6 стаканов воды
- 1 столовая ложка уксуса
- 1 чайная ложка соли
- 5 средних свеклы
- 1 средняя луковица, нарезанная
- 2 столовые ложки маргарина
- 2 столовые ложки меда
- 1 столовая ложка лимонного сока
- ½ чайной ложки соли
- ⅛ чайной ложки молотой корицы
- 1 столовая ложка петрушки, нарезанной

ИНСТРУКЦИИ:

a) Нагрейте воду, уксус и 1 чайную ложку соли до кипения. Добавьте свеклу. Варить до готовности, от 35 до 45 минут; осушать. Промойте свеклу холодной водой; снимите кожицу и удалите кончики корней. Нарежьте свеклу тонкими ломтиками.

b) Приготовьте и перемешайте лук с маргарином в 10-дюймовой сковороде на среднем огне, пока лук не станет мягким, около 5 минут. Добавьте свеклу, мед, лимонный сок, ½ чайной ложки соли и корицу.

c) Нагревайте, периодически помешивая, пока свекла не станет горячей, около 5 минут.

d) Посыпать петрушкой.

73. Жареные свекольные дольки

Делает: 4

ИНГРЕДИЕНТЫ:
- 1 фунт средней свежей свеклы, очищенной
- 1/2 чайной ложки кошерной соли
- 8 чайных ложек овощного бульона
- 5 веточек свежего розмарина

ИНСТРУКЦИИ:
a) Разогрейте духовку до 400 ° F.
b) Нарежьте каждую свеклу дольками в зависимости от желаемого количества порций. Влить овощной бульон и посолить.
c) В форму для запекания положите кусок плотной фольги длиной 12 дюймов.
d) Разложите свеклу на фольге и посыпьте розмарином. Заверните свеклу в фольгу и плотно завяжите.
e) Запекайте не менее 1 часа или пока картофель не станет мягким.
f) Позвольте пару выйти, осторожно открывая фольгу. Удалите веточки розмарина. Подавайте и наслаждайтесь!

ДЕСЕРТ

74. Кексы Красный Бархат

Выход: 24 капкейка

ИНГРЕДИЕНТЫ:
- 2 яичных белка
- 2 стакана смеси для торта «Красный бархат»
- 1 стакан смеси для шоколадного торта
- ¼ стакана настойки конопли
- 1 пакетик шоколадной стружки весом 12 унций
- 1 банка лимонно-лаймовой газировки на 12 унций
- 1 баночка сметанной глазури на 12 унций

ИНСТРУКЦИИ:
a) Разогрейте духовку до 350°F.
b) Застелите форму для маффинов бумажными формочками для выпечки.
c) Смешайте яичные белки, смеси для кексов, настойку, шоколадную стружку и соду в большой миске.
d) Хорошо перемешайте, пока не образуется однородное тесто.
e) Разлейте тесто по формочкам для выпечки.
f) Выпекать 20 минут.
g) Дайте кексам остыть перед глазурью.

75. Ледяной торт Красный бархат

Делает: 6

ИНГРЕДИЕНТЫ:
ТОРТ
- 1 ½ стакана сахара
- 1 чайная ложка пищевой соды
- ½ стакана Криско
- 1 чайная ложка ванильного экстракта
- 1 чашка пахты
- 2 унции красного пищевого красителя
- 2 ½ стакана муки для торта
- 1 чайная ложка соли
- 1 чайная ложка уксуса
- 3 чайные ложки какао

ГЛАЗУРИ #1
- 1 пачка сливочного масла
- 8 чайных ложек Криско
- 1 стакан сахара
- 3 чайные ложки муки
- ⅔ стакана молока
- 1 чайная ложка ванильного экстракта

ГЛАЗУРИ #2
- 1 пачка сливочного масла
- 2 сливочный сыр
- 2 яйца
- 1 коробка энергетического сахара

ИНСТРУКЦИИ:
a) Смешайте все ингредиенты вручную. Не используйте электрический миксер.
b) Выпекать при 350 градусах 1 час 15 минут.
c) Дайте остыть в течение 30 минут, прежде чем вынимать из формы.

76. Краснобархатный пирог

Делает: 10-12 порций

ИНГРЕДИЕНТЫ:

- 2½ стакана универсальной муки
- 2 чайные ложки несладкого какао-порошка
- 1 чайная ложка кошерной соли
- 1 чайная ложка пищевой соды
- 2 яйца, комнатной температуры
- 1½ стакана сахарного песка
- 1 ½ стакана растительного масла
- 1 стакан пахты комнатной температуры
- 1 ½ чайной ложки ванильного экстракта
- 1 чайная ложка дистиллированного белого уксуса
- 1 унция красного пищевого красителя

ДЛЯ ГЛАЗУРИ:

- 16 унций сливочного сыра, размягченного
- 1 чашка несоленого сливочного масла, размягченного
- 8 стаканов сахарной пудры
- 1 столовая ложка цельного молока
- 2 чайные ложки ванильного экстракта

ИНСТРУКЦИИ:

a) Разогрейте духовку до 325 градусов по Фаренгейту. Сбрызните две 9-дюймовые формы для выпечки спреем для выпечки или смажьте их маслом и посыпьте мукой.

b) В большой миске смешайте муку, какао-порошок, соль и пищевую соду и просейте или взбейте вместе.

c) В средней миске разбейте яйца и взбейте их венчиком. Налейте сахар, масло, пахту и ваниль в миску и смешайте с помощью ручного миксера на низкой скорости, пока все не станет красивым и кремообразным.

d) Медленно смешайте влажные ингредиенты с сухими в большой миске.

e) Добавьте уксус и красный пищевой краситель. Сложите, пока все тесто для торта не станет красным и не будет полос.

f) В каждую форму для кекса вылить равное количество теста. Встряхните и постучите по формам, чтобы выпустить пузырьки воздуха, затем оставьте на 5 минут. Выпекать коржи от 25 до 30 минут. Выньте кексы из форм и поместите их на охлаждающие решетки.

g) Пока кексы остывают, приготовьте глазурь. В большой миске смешайте сливочный сыр и масло.

h) Смешайте два ингредиента вместе с помощью ручного миксера, затем медленно добавляйте сахарную пудру по 1 стакану за раз.

i) Добавьте молоко и ваниль и перемешайте, пока глазурь не станет приятной и сливочной. Когда кексы полностью остынут, покройте их глазурью.

77. Мороженое красный бархат

Делает: 1 пинта

ИНГРЕДИЕНТЫ:
- 1 лист желатина
- 1 стакан молока
- ½ порции соуса Фадж
- 50 г кусочков шоколадного торта
- 35 г какао-порошка
- 2 столовые ложки сахара
- 1 столовая ложка глюкозы
- 1 столовая ложка дистиллированного белого уксуса
- 1 столовая ложка пахты
- 2 чайные ложки красного пищевого красителя
- 1 чайная ложка кошерной соли

ИНСТРУКЦИИ:
a) Желатин набухнуть.

b) Немного подогрейте молоко и вмешайте желатин, чтобы он растворился.

c) Переложите желатиновую смесь в блендер, добавьте оставшееся молоко, помадный соус, шоколадный корж, какао-порошок, сахар, глюкозу, уксус, пахту, пищевой краситель и соль и пюрируйте до получения однородной массы.

d) Перелейте смесь через мелкое сито в машину для приготовления мороженого и заморозьте в соответствии с инструкциями производителя.

78. Шоколадное печенье «Красный бархат»

Получается: 21 печенье

ИНГРЕДИЕНТЫ
- 1 ½ стакана универсальной муки
- ¼ стакана какао-порошка
- 1 чайная ложка пищевой соды
- ¼ чайной ложки морской соли
- ½ стакана несоленого сливочного масла, комнатной температуры
- ½ стакана коричневого сахара
- ½ чашки
- 1 яйцо, комнатной температуры
- 1 столовая ложка молока/пахты/натурального йогурта
- 2 чайные ложки ванильного экстракта
- ½ чайной ложки геля красного пищевого красителя
- 1 чашка белого или темного шоколада

ИНСТРУКЦИИ:
a) В большой миске смешайте муку, какао-порошок, пищевую соду и соль, затем отложите в сторону.

b) С помощью ручного или стационарного миксера взбейте масло, коричневый сахар и сахарный песок на высокой скорости до кремообразного состояния в течение примерно 1-2 минут.

c) Затем добавьте яйцо, молоко, ванильный экстракт и пищевой краситель, затем взбейте до однородности, затем выключите миксер.

d) Добавьте сухие ингредиенты к влажным ингредиентам.

e) Включите миксер на низкую скорость и медленно взбивайте, пока не получится очень мягкое тесто.

f) Если вам нужно добавить больше пищевого красителя, не стесняйтесь делать это на этом этапе.

g) Наконец, добавьте шоколадные чипсы и взбейте их.

h) Накройте тесто полиэтиленовой пленкой и дайте ему остыть в холодильнике не менее 2 часов или на ночь.

i) После охлаждения дайте тесту постоять при комнатной температуре не менее 15 минут, прежде чем скатывать его в шарики и выпекать, потому что тесто затвердеет.

j) Разогрейте духовку до 180°C.

k) Застелите два больших противня пергаментной бумагой или силиконовыми ковриками для выпечки. Отложите.

l) Используя столовую ложку, зачерпните кучу теста для печенья и скатайте его в шар.

m) Разложите их на противнях, застеленных пергаментной бумагой, и запекайте в течение 11-13 минут.

n) Выпекать партиями.

o) Добавьте еще несколько кусочков шоколада поверх теплого печенья.

79. Вафли с мороженым Red Velvet

Получается: 8 бутербродов

ИНГРЕДИЕНТЫ:

- 1¾ стакана универсальной муки
- ¼ стакана несладкого какао
- 1 чайная ложка пищевой соды
- 1 чайная ложка соли
- 1 стакан масла канолы
- 1 стакан сахарного песка
- 1 большое яйцо
- 3 столовые ложки красного пищевого красителя
- 1 чайная ложка чистого ванильного экстракта
- 1 ½ чайной ложки дистиллированного белого уксуса
- ½ стакана пахты
- Кулинарный спрей с антипригарным покрытием
- 1 ½ литра ванильного мороженого
- 2 стакана полусладкой мини-шоколадной крошки

ИНСТРУКЦИИ:

a) Разогрейте вафельницу до средней температуры.

b) В миске среднего размера смешайте муку, какао, пищевую соду и соль. Отложите.

c) В чаше стационарного миксера или ручным электрическим миксером в большой миске взбейте масло и сахар на средней скорости, пока они хорошо не смешаются. Вбейте яйцо. Убавьте миксер до минимума и медленно добавьте пищевой краситель и ваниль.

d) Смешайте уксус и пахту. Добавьте половину этой смеси пахты в большую миску с маслом, сахаром и яйцом. Перемешайте, а затем добавьте половину мучной смеси.

e) Очистите миску и перемешайте ровно столько, чтобы убедиться, что не осталось несмешанной муки.

f) Добавьте оставшуюся смесь пахты, перемешайте, чтобы объединить, а затем добавьте последнюю часть смеси муки.

g) Снова перемешайте, чтобы убедиться, что не осталось несмешанной муки.

h) Покройте обе стороны решетки вафельницы антипригарным спреем. Налейте в вафельницу достаточное количество теста, чтобы покрыть решетку, закройте крышку и готовьте, пока вафли не станут достаточно твердыми, чтобы их можно было вынуть из вафельницы, 4 минуты.

i) Дать вафлям немного остыть на решетке. Используйте кухонные ножницы или острый нож, чтобы разделить вафли на части.

j) Повторите, чтобы сделать в общей сложности 16 секций.

k) Пока вафельные секции остывают, поставьте мороженое на стойку размягчаться на 10 минут.

l) После того, как мороженое размякнет, разложите половину вафельных секций и с помощью лопаточки распределите мороженое толщиной около 1 дюйма на каждой из них.

m) Накройте оставшимися частями, чтобы получилось 8 бутербродов. Соскоблите излишки мороженого резиновой лопаточкой, чтобы заровнять края.

n) Затем окуните края мороженого в миску или неглубокое блюдо, наполненное мини-шоколадной стружкой.

o) Плотно заверните каждый сэндвич в полиэтиленовую пленку, поместите в пакет с застежкой и поместите пакет в морозильную камеру не менее чем на 1 час, чтобы мороженое затвердело.

p) Достаньте бутерброд за несколько минут до подачи, чтобы он немного размягчился.

80. Мини чизкейки Красный бархат

Выход: 22-24 чизкейка

ИНГРЕДИЕНТЫ
СЛОЙ ПЕЧЕНЬЯ КРАСНЫЙ БАРХАТ
- 1 и ½ стакана + 1 столовая ложка муки общего назначения
- ¼ стакана несладкого какао-порошка
- 1 чайная ложка пищевой соды
- ¼ чайной ложки соли
- ½ стакана несоленого сливочного масла, размягченного до комнатной температуры
- ¾ стакана упакованного светлого или темно-коричневого сахара
- ¼ стакана сахарного песка
- 1 яйцо, комнатной температуры
- 1 столовая ложка молока
- 2 чайные ложки чистого ванильного экстракта
- 1 столовая ложка красного пищевого красителя

ЧИЗКЕЙК СЛОЙ
- 12 унций сливочного сыра, размягченного до комнатной температуры
- 2 столовые ложки йогурта
- ⅓ стакана сахарного песка
- 1 большое яйцо, комнатной температуры
- 1 чайная ложка чистого ванильного экстракта
- ½ стакана мини или обычных полусладких шоколадных чипсов

ИНСТРУКЦИИ:

a) Разогрейте духовку до 350°F.

b) Застелите две формы для маффинов на 12 штук формочками для кексов. Отложите.

c) Сделайте слой печенья «Красный бархат»: смешайте муку, какао-порошок, пищевую соду и соль в большой миске. Отложите.

d) С помощью ручного или стационарного миксера с насадкой-лопаткой взбейте масло на высокой скорости до кремообразного состояния, около 1 минуты.

e) Очистите стенки и дно чаши по мере необходимости.

f) Переключите миксер на среднюю скорость и добавьте коричневый сахар и сахарный песок, пока они не смешаются.

g) Взбить яйцо, молоко и ванильный экстракт, соскребая смесь со стенок и дна миски по мере необходимости.

h) После смешивания добавьте пищевой краситель и взбивайте до однородности.

i) Выключите миксер и всыпьте сухие ингредиенты во влажные. Включите миксер на низкую скорость и медленно взбивайте, пока не получится очень мягкое тесто.

j) Взбейте больше пищевого красителя, если хотите, чтобы тесто было более красным. Тесто будет липким.

k) Выдавите 1 столовую ложку теста для печенья на дно каждой формы для кексов. Я говорю «мало», потому что иначе вам не хватит на 22-24 мини-чизкейка. Выпекайте каждую партию в течение 8 минут, чтобы предварительно испечь корку, прежде чем выкладывать сверху чизкейк.

l) Сделайте слой чизкейка: с помощью ручного или стационарного миксера с насадкой-лопаткой взбейте сливочный сыр на средней скорости до полной однородности.

m) Добавьте йогурт и сахар, взбивая на высокой скорости до объединения.

n) Добавьте яйцо и ваниль и взбивайте на средней скорости до объединения.

o) Аккуратно вмешайте шоколадные чипсы. Выложите 1 столовую ложку теста для чизкейка поверх предварительно испеченного печенья, распределив его так, чтобы оно полностью покрывало печенье.

p) Верните мини-чизкейки в духовку и продолжайте выпекать еще около 20 минут.

q) Накройте чашки алюминиевой фольгой, если верх слишком быстро подрумянится.

r) Дать остыть 30 минут на столе, затем поставить в холодильник еще на 1,5 часа.

s) Чашки для печенья остаются свежими и покрытыми при комнатной температуре в течение 12-24 часов, а затем должны храниться в холодильнике еще до 3 дней.

81. Маффины со сливочным сыром Red Velvet

Выход: 12 маффинов.

ИНГРЕДИЕНТЫ
КРОМКА
- ½ стакана сахарного песка
- ¼ стакана универсальной муки
- 2 столовые ложки несоленого сливочного масла

СЛИВОЧНО-СЫРНАЯ СМЕСЬ
- 4 унции сливочного сыра размягченного
- ¼ стакана сахарного песка
- ½ чайной ложки ванильного экстракта

Кексы
- 1 ¼ стакана универсальной муки
- ½ стакана сахарного песка
- 2 чайные ложки разрыхлителя
- ½ чайной ложки соли
- 1 большое яйцо
- ½ стакана растительного масла
- ⅓ стакана молока
- 2 столовые ложки несладкого какао-порошка
- 2 чайные ложки красного пищевого красителя

ИНСТРУКЦИИ

a) Разогрейте духовку до 375 ° F.

b) Подготовьте форму для маффинов, выстелив ее вкладышами или сбрызнув антипригарным кулинарным спреем.

КРОМКА

c) В среднюю миску добавьте муку, сахар и масло. Используя вилку, нарежьте масло, пока у вас не получится крупная крошка.

СЛИВОЧНО-СЫРНАЯ СМЕСЬ

d) В другой миске смешайте сливочный сыр, сахар и ваниль до получения однородной массы.

Кексы

e) В чашу стационарного миксера добавьте муку, разрыхлитель и соль и взбейте, чтобы смешать.

f) Добавьте яйцо, масло, молоко, какао-порошок и красный пищевой краситель и перемешайте до однородности.

g) Вмешайте смесь сливочного сыра в тесто для маффинов, стараясь не перемешать.

h) Выложите тесто в подготовленные маффины, заполняя каждый примерно на ⅔ объема.

i) Равномерно посыпьте крошкой каждый маффин.

j) Выпекайте при температуре 375 ° F в течение 17-19 минут или до тех пор, пока зубочистка, вставленная в центр, не будет выходить чистой.

k) Дайте маффинам остыть в форме в течение примерно 10 минут, затем переложите их на решетку для полного остывания.

82. Малиновый пирог «Красный бархат»

Делает: 12 порций

ИНГРЕДИЕНТЫ

- 1 лист охлажденного слоеного теста
- 1 большой яичный белок, слегка взбитый
- ¼ стакана малинового варенья без косточек
- ⅔ стакана сливочного масла размягченного
- ¾ стакана сахара
- 3 больших яйца
- 1 большой яичный желток
- 1 столовая ложка какао для выпечки
- 2 чайные ложки красной пасты пищевого красителя
- 1 стакан молотого миндаля
- Глазурь

ИНСТРУКЦИИ

a) Разогрейте духовку до 350°. Разверните лист теста в 9-дюймовый. рифленая форма для тарталеток со съемным дном; обрезать даже с ободком. Заморозить на 10 минут.

b) Застелите тесто двойной толщиной фольги. Наполните пирог утяжелителями, сушеной фасолью или сырым рисом. Выпекайте 12-15 минут или пока края не станут золотисто-коричневыми.

c) Снимите фольгу и грузы; смажьте дно коржа яичным белком. Выпекайте еще 6-8 минут или до золотисто-коричневого цвета. Остудить на решетке.

d) Выложить джем на дно коржа. В миске взбить сливочное масло и сахар до легкой и пушистой массы. Постепенно вбейте яйца, яичный желток, какао и пищевой краситель. Всыпать молотый миндаль. Выложить на варенье.

e) Выпекать 30-35 минут или пока начинка не схватится. Полностью остудить на решетке.

f) В небольшой миске смешайте сахарную пудру и воду и извлеките до получения однородной массы; сбрызнуть или выдавить на пирог. Охладите остатки.

83. Суфле «Красный бархат»

Делает: 6 порций

ИНГРЕДИЕНТЫ
- 1 столовая ложка сливочного масла
- 3 столовые ложки сахарного песка
- плитка для выпечки горько-сладкого шоколада на 4 унции, нарезанная
- 5 больших яиц, разделенных
- ⅓ стакана сахарного песка
- 3 столовые ложки молока
- 1 столовая ложка красного жидкого пищевого красителя
- 1 чайная ложка ванильного экстракта
- Щепотка соли
- 2 столовые ложки сахарного песка
- Сахарная пудра
- Взбитая сметана

ИНСТРУКЦИИ

k) Разогрейте духовку до 350°.

l) Смажьте дно и бока формочек сливочным маслом.

m) Слегка посыпать 3 столовыми ложками сахара, стряхнув излишки. Поместите на противень.

n) Разогрейте шоколад в большой миске, пригодной для использования в микроволновой печи, на ВЫСОКОМ режиме от 1 до 1 минуты 15 секунд или до тех пор, пока он не растает, помешивая с интервалом в 30 секунд.

o) Добавьте 4 яичных желтка, ⅓ стакана сахара и следующие 3 ингредиента.

p) Взбейте 5 яичных белков и соль на высокой скорости мощным электрическим миксером до образования пены.

q) Постепенно добавьте 2 столовые ложки сахара, взбивая до образования жестких пиков.

r) Вмешайте яично-белковую смесь в шоколадную, по одной трети за раз.

s) Выложить ложкой в подготовленные формочки.

t) Проведите кончиком большого пальца по краям формочек, вытирая и оставляя неглубокие углубления по краям смеси.

u) Выпекать при 350° от 20 до 24 минут или пока суфле не поднимется и не застынет.

v) Посыпать сахарной пудрой; подавать немедленно со взбитой сметаной.

84. Мусс для чизкейка «Красный бархат»

Делает: 3

ИНГРЕДИЕНТЫ

- 6 унций размягченного сливочного сыра в виде блока
- ½ стакана густых сливок
- 2 столовые ложки сметаны полной жирности
- ⅓ чашки порошкового подсластителя с низким содержанием углеводов
- 1 ½ чайной ложки ванильного экстракта
- 1 ½ чайной ложки какао-порошка
- От ½ чайной ложки до 1 чайной ложки натурального красного пищевого красителя в зависимости от того, хотите ли вы получить красный цвет вместо розоватого.
- Взбитые жирные сливки, подслащенные каплями стевии
- Шоколадная стружка без сахара, тертый кето-шоколад

ИНСТРУКЦИИ

a) В большую миску с электрическим ручным миксером или стационарным миксером добавьте размягченный сливочный сыр, густые сливки, сметану, порошкообразный подсластитель и экстракт ванили.

b) 6 унций сливочного сыра в виде блока, ½ стакана густых сливок, ⅓ стакана порошкообразного подсластителя с низким содержанием углеводов, 1 ½ чайной ложки ванильного экстракта, 2 столовые ложки сметаны

c) Смешивайте на низкой скорости в течение минуты, затем на средней скорости в течение нескольких минут, пока смесь не станет густой, кремообразной и тщательно перемешанной.

d) Добавьте какао-порошок и перемешайте на высокой скорости до однородности, тщательно соскребая со стенок резиновым скребком.

e) 1 ½ чайной ложки какао-порошка

f) Добавьте красный пищевой краситель и перемешайте до однородности или консистенции пудинга.

g) От ½ чайной ложки до 1 чайной ложки натурального красного пищевого красителя

h) Ложкой или с помощью кондитерского мешка выдавите мусс в небольшой десертный стакан или миску.

i) Украсить ложкой взбитых сливок без сахара и небольшим количеством тертого шоколада без сахара. Служить

j) Взбитые жирные сливки, подслащенные каплями стевии, стружка шоколадного батончика без сахара

85. Красный бархатно-ягодный коблер

Делает: от 6 до 8 порций

ИНГРЕДИЕНТЫ

- 1 столовая ложка кукурузного крахмала
- 1 ¼ стакана сахара, разделенного
- 6 стаканов свежих ягод в ассортименте
- ½ стакана сливочного масла размягченного
- 2 больших яйца
- 2 столовые ложки красного жидкого пищевого красителя
- 1 чайная ложка ванильного экстракта
- 1 ¼ стакана универсальной муки
- 1 ½ столовой ложки несладкого какао
- ¼ чайной ложки соли
- ½ стакана пахты
- 1 ½ чайной ложки белого уксуса
- ½ чайной ложки пищевой соды

ИНСТРУКЦИИ

a) Разогрейте духовку до 350°. Смешайте кукурузный крахмал и ½ стакана сахара.

b) Перемешайте ягоды со смесью из кукурузного крахмала и выложите ложкой в слегка смазанную маслом форму для выпечки размером 11 x 7 дюймов.

c) Взбейте масло электрическим миксером на средней скорости до пышной массы; постепенно добавьте оставшиеся ¾ стакана сахара, хорошо взбивая.

d) Добавьте яйца, по одному за раз, взбивая до однородности после каждого добавления.

e) Добавьте красный пищевой краситель и ваниль, пока не смешано.

f) Смешайте муку, какао и соль. Смешайте пахту, уксус и пищевую соду в мерном стакане для жидкости на 2 чашки.

g) Добавить мучную смесь к масляной смеси попеременно с пахтовой смесью, начиная и заканчивая мучной смесью.

h) Взбивайте на низкой скорости до однородности после каждого добавления.

i) Выложите тесто на ягодную смесь.

j) Выпекайте при температуре 350 ° в течение 45–50 минут или до тех пор, пока деревянная палочка, вставленная в центр начинки для торта, не будет выходить чистой. Остудить на решетке в течение 10 минут.

86. Фруктовый торт Красный бархат

Делает: 3 порции

ИНГРЕДИЕНТЫ
- 200 грамм Майда
- 220 грамм сахарной пудры
- 1 столовая ложка какао-порошка
- 150 мл растительного масла
- 250 мл пахты
- 1 чайная ложка разрыхлителя
- ½ чайной ложки пищевой соды
- ¼ чайной ложки соли
- ½ чайной ложки уксуса
- 1 столовая ложка ванильной эссенции
- ½ стакана густых сливок

ДЛЯ УКРАСКИ:
- Шоколадное искусство
- Киви и виноград
- Мед
- Сладкие драгоценности

ИНСТРУКЦИИ

a) В миску добавьте все сухие ингредиенты, упомянутые выше, и просейте их вместе, чтобы не было комков.

b) Теперь добавьте пахту, растительное масло, ванильную эссенцию и свекольную пасту и хорошо перемешайте, чтобы получилось однородное тесто.

c) В конце добавьте уксус и хорошо перемешайте.

d) Возьмите 1 форму для кекса диаметром 6 дюймов и форму для кексов, смажьте их маслом и посыпьте их майдой,

e) влить в них тесто поровну.

f) Разогрейте микроволновую печь до 180°C в течение 10 минут. Выпекать их в предварительно разогретой микроволновой печи в течение 20-25 минут или до готовности в зависимости от каждой микроволновой печи.

g) Взбиваем жирные сливки 3-4 минуты и даем им застыть.

h) Нарежьте киви и виноград.

i) После выпечки дайте ему остыть и извлеките из формы.

j) Нанесите взбитые сливки на оба коржа и украсьте их драгоценными камнями, шоколадом, нарезанными фруктами и, наконец, медом.

87. Красный бархатный бисквит

Делает: 10 порций

ИНГРЕДИЕНТЫ:
- 2 стакана самоподнимающейся муки
- ½ чайной ложки винного камня
- ⅛ чайной ложки соли
- 1 столовая ложка несладкого какао-порошка
- 2 столовые ложки сахарного песка
- ¾ стакана пахты холодной
- ½ чашки тертого холодного несоленого сливочного масла
- ¼ стакана растительного жира со вкусом масла
- 1 чайная ложка ванильного экстракта
- ½ унции красного пищевого красителя

ИНСТРУКЦИИ:

a) Смешайте самоподнимающуюся муку, соль, какао-порошок, сахар и винный камень в большой миске.

b) Просейте или смешайте ингредиенты, пока они хорошо не смешаются.

c) Добавьте все сухие ингредиенты в чашу стационарного миксера.

d) Добавьте масло, жир, пахту и пищевой краситель.

e) Включите миксер и дайте ингредиентам перемешаться на средней скорости, пока тесто не превратится в красное тесто.

f) Когда тесто сформируется, раскатайте его скалкой на слегка присыпанной мукой плоской поверхности.

g) Вырежьте печенье, используя крышку для консервирования, формочку для печенья или формочку для печенья.

h) Поместите печенье в форму для запекания.

i) Выпекайте печенье при 400 F в течение 12-15 минут.

j) После этого смажьте или натрите печенье маслом, пока оно еще теплое.

88. Макароны из красного бархата

Получается: 18 макарон.

ИНГРЕДИЕНТЫ

- ½ стакана + 2 столовые ложки бланшированной миндальной муки тонкого помола
- ½ стакана сахарной пудры
- 1 чайная ложка несладкого какао-порошка
- 2 больших яичных белка
- щепотка винного камня
- ¼ чашки + 1 чайная ложка сахарного песка
- красный гелевый пищевой краситель
- Глазурь из сливочного сыра

ИНСТРУКЦИИ

a) Просейте миндальную муку, сахарную пудру и несладкий какао-порошок в большую миску и отложите в сторону.

b) Добавьте яичные белки в чашу стационарного миксера с помощью венчика и взбивайте на средней скорости, пока поверхность яичных белков не покроется небольшими пузырьками.

c) Добавьте щепотку винного камня и продолжайте смешивать, пока не достигнете состояния мягких пиков.

d) Далее постепенно добавляйте сахарный песок и перемешивайте на средней скорости в течение 30 секунд. Увеличьте скорость перемешивания до средне-высокой. Продолжайте смешивать до образования жестких блестящих пиков.

e) В этот момент добавьте красный гелевый пищевой краситель. Это будет смешано во время следующего шага.

f) Добавьте сухие ингредиенты в безе и перемешайте круговыми движениями, пока толстая лента теста не будет стекать с лопаточки непрерывной струей, когда ее поднимаете.

g) Вылейте тесто в большой кондитерский мешок с круглой насадкой среднего размера и отсадите 1 ¼ дюйма на подготовленные противни, располагая их на расстоянии около 1 дюйма друг от друга.

h) Сильно ударьте сковороду по столу несколько раз, чтобы выпустить пузырьки воздуха, а затем проколите все оставшиеся пузырьки воздуха, которые всплывут на поверхность, с помощью зубочистки или палочки.

i) Дайте макаронам отдохнуть в течение 30 минут или пока на них не появится кожица.

j) Пока макаруны отдыхают, разогрейте духовку до 315 F / 157 C.

k) Выпекайте макаронс по одному противню за раз на средней полке духовки в течение 15-18 минут, повернув противень на полпути.

l) Выньте из духовки и дайте макаронам остыть на противне в течение примерно 15 минут, затем аккуратно снимите их с силиконового коврика.

m) Соедините ракушки, затем выдавите ложку сливочного сыра, покрывающую одну оболочку макарон. Аккуратно прижмите вторую ракушку поверх глазури, чтобы получился бутерброд.

n) При желании сбрызните небольшим количеством белого шоколада и раздавите две ракушки макарон, чтобы использовать их в качестве украшения.

o) Поместите готовые макаруны в герметичный контейнер и охладите в холодильнике в течение ночи, затем дайте им нагреться до комнатной температуры и наслаждайтесь!

89. Красный бархатный пирог со льдом

Делает: 8 шт.

ИНГРЕДИЕНТЫ

- 2 стакана измельченного шоколадного вафельного печенья или шоколадных крекеров Грэм
- ½ стакана растопленного сливочного масла
- ¼ стакана сахарного песка
- Упаковка печенья Red Velvet Oreo на 12,2 унции
- 8 унций сливочного сыра, размягченного
- Коробка на 3,4 унции смеси для чизкейка быстрого приготовления
- 2 стакана цельного молока или пополам
- 8 унций замороженного взбитого топпинга

ИНСТРУКЦИИ

a) Разогрейте духовку до 375°F. Слегка сбрызните тарелку для пирога глубиной 9 дюймов кулинарным спреем.

b) В небольшой миске смешайте крошки печенья, масло и сахар. Хорошо перемешайте, затем прижмите к дну и бокам формы для пирога. Выпекайте в течение 15 минут или до готовности. Охладить полностью.

c) Оставьте 5 целых печений для украшения, а остальные поместите в закрывающийся пластиковый пакет.

d) Раздавить печенье. Отложите.

e) В миске среднего размера используйте миксер, чтобы взбить сливочный сыр, смесь для пудинга и молоко. Взбивайте в течение 2-3 минут или до кремообразного, пушистого и гладкого состояния.

f) Взбитую начинку и измельченное печенье сложить в начинку руками. Выложить на остывший корж.

g) Украсьте верх оставшейся взбитой начинкой и целым печеньем по желанию.

h) Охладите не менее 4 часов перед подачей на стол.

90. Красный бархат Свекольный торт

Делает: 10 порций

ИНГРЕДИЕНТЫ:

- 1 стакан масла Криско
- ½ стакана сливочного масла, растопленного
- 3 яйца
- 2 стакана сахара
- 2½ стакана муки
- 2 чайные ложки корицы
- 2 чайные ложки пищевой соды
- 1 чайная ложка соли
- 2 чайные ложки ванили
- 1 стакан Гарвардской свеклы
- ½ стакана взбитого творога
- 1 стакан измельченных ананасов, слить воду
- 1 чашка измельченных орехов
- ½ стакана кокоса

ИНСТРУКЦИИ:

a) Смешайте масло, масло, яйца и сахар.

b) Добавьте муку, корицу, соду и соль.

c) Добавьте ваниль, свеклу, творог, ананас, орехи и кокосовую стружку.

d) Вылейте в форму размером 9x13 дюймов.

e) Выпекать при 350 40-45 минут. Подавать со взбитыми сливками.

91. Свекольный гратен

Делает: 4 порции

ИНГРЕДИЕНТЫ:

- 4 стакана нарезанной свеклы (красной и желтой), нарезанной толщиной ½ дюйма
- 1 стакан тонко нарезанного лука
- 2 стакана панировочных сухарей с приправами
- 3 столовые ложки сливочного масла
- Оливковое масло, для сбрызгивания
- сыр пармезан, для посыпки
- Креольская приправа для посыпки
- Соль и белый перец

ИНСТРУКЦИИ:

a) Разогрейте духовку до 375 градусов по Фаренгейту. В смазанном маслом гратене или тяжелой форме для выпечки выложите слоями свеклу, лук и половину панировочных сухарей, посыпав каждый слой сливочным маслом и приправив каждый слой оливковым маслом, сыром пармезан, креольской приправой, солью и перцем. пробовать.

b) Сверху посыпьте слоем хлебных крошек. Выпекать под крышкой 45 минут. Снимите крышку и продолжайте выпекать еще 15 минут или пока верхушка не подрумянится и не запузырится. Подавать прямо из блюда.

92. Суфле из свекольной зелени

Получается: 1 суфле

ИНГРЕДИЕНТЫ:

- 3 столовые ложки сыра пармезан; тертый
- 2 средние свеклы; приготовленный и очищенный
- 2 столовые ложки сливочного масла
- 2 столовые ложки муки
- ¾ стакана куриного бульона; горячий
- 1 стакан свекольной зелени; обжаренный
- ½ стакана сыра Чеддер; тертый
- 3 яичных желтка
- 4 яичных белка

ИНСТРУКЦИИ:

a) Сливочное масло 1 л. блюдо суфле; посыпать сыром пармезан. Нарежьте вареную свеклу и выложите ею дно формы для суфле.

b) В небольшой кастрюле растопить сливочное масло, всыпать муку, добавить горячий бульон и продолжать варить, пока он слегка не загустеет, затем перелить в большую миску. Крупно нарежьте зелень свеклы и добавьте в соус вместе с сыром Чеддер.

c) В отдельной посуде взбить яичные желтки; смешайте их со смесью свекольной зелени. Взбейте яичные белки до образования пиков. Сложите в миску с другими ингредиентами; хорошо смешать. Переложите все в смазанную маслом форму для суфле. Посыпьте сыром пармезан.

d) Выпекайте при температуре 350 F в течение 30 минут или пока суфле не поднимется и не станет золотистым.

93. Красный бархат Свекольный мусс

Делает: 1 порция

ИНГРЕДИЕНТЫ:

- 3 средние свеклы; Приготовленные на их коже
- 2½ стакана куриного бульона
- 2 пачки желатина без запаха
- 1 стакан неароматизированного йогурта
- 2 столовые ложки сока лимона или лайма
- 1 маленькая натертая луковица
- 1 столовая ложка сахара
- 1 столовая ложка горчицы
- Соль и перец; пробовать

ИНСТРУКЦИИ:

a) Очистить и нарезать кубиками вареную свеклу.

b) Поместите желатин в миску с 6 л воды и перемешайте. Дать постоять 2 минуты и, помешивая, влить горячий куриный бульон.

c) Смешайте вместе все ингредиенты, кроме желатина. Правильная приправа.

d) Добавьте охлажденный желатин и перемешайте.

e) Перелить в смазанную маслом форму для застывания. 6. Вынуть из формы и подавать в центре тарелки, окруженной салатом с курицей карри или салатом из креветок.

94. Свекольно-ореховый хлеб

Делает: 1 порция

ИНГРЕДИЕНТЫ:

- ¾ стакана
- 1 стакан сахара
- 4 яйца
- 2 чайные ложки ванили
- 2 стакана измельченной свеклы
- 3 стакана муки
- 2 чайные ложки разрыхлителя
- 1 чайная ложка пищевой соды
- ½ чайной ложки корицы
- ¼ чайной ложки молотого мускатного ореха
- 1 чашка Измельченные орехи

ИНСТРУКЦИИ:

a) Взбейте шортенинг и сахар до легкой и пушистой массы. Смешать яйца и ваниль. Вмешайте свеклу.

b) Добавьте смешанные сухие ингредиенты; хорошо перемешать. Вмешать орехи.

c) Вылейте в смазанную маслом и посыпанную мукой форму для хлеба размером 9х5 дюймов.

d) Выпекать при 350'F. в течение 60-70 минут или пока деревянная зубочистка, вставленная в центр, не будет выходить чистой.

e) Остудить в течение 10 минут; удалить из кастрюли.

КОКТЕЙЛИ И СМУЗИ

95. Торт «Красный бархат» Мартини

Делает: 2

ИНГРЕДИЕНТЫ:
- 2 унции водки для торта
- 1 унция крем-де-какао
- ½ унции ванильной водки
- ½ унции взбитой водки
- ¼ унции Апероля
- ½ унции гренадина
- ¼ чайной ложки сахарной пудры

ИНСТРУКЦИИ:

a) Отмерьте в шейкере водку для торта, крем де какао, ванильную водку, взбитую водку, апероль, гренадин, сахарную пудру и лед.

b) Встряхните, пока хорошо не смешано.

c) Процедить равномерно в два стакана.

d) Служить.

96. Моктейль красный бархат мохито

Делает: 5

ИНГРЕДИЕНТЫ:
- 1 стакан кипяченой воды
- 5 чайных ложек рассыпного чая Red Velvet
- 5 листьев мяты
- 2 столовые ложки нектара агавы
- 4 столовые ложки свежевыжатого сока лайма
- 3 стакана газированной воды
- ром Бакарди

ИНСТРУКЦИИ:
a) Заварите чай в 200 мл кипяченой воды в течение пяти минут.

b) Удалите чайный пакетик или процедите, если он неплотный, и поставьте в холодильник, чтобы он остыл.

c) Смешайте все ингредиенты. Подавайте со льдом и украсьте мятой и лаймом.

97. Шоколадный коктейль «Красный бархат»

Готовит: 1 коктейль

ИНГРЕДИЕНТЫ:

- ¼ чашки ликера из белого шоколада
- 1½ унции водки
- 1 унция Гренадин
- ½ стакана молока
- глазурь из сливочного сыра для украшения бокала
- красная крошка для ободка бокала

ИНСТРУКЦИИ:

a) Покройте стакан глазурью из сливочного сыра и посыпьте красной посыпкой или крошками для торта «Красный бархат».

b) Добавьте лед в коктейльный шейкер.

c) Добавьте все ингредиенты в шейкер и хорошо встряхните.

d) После смешивания перелейте содержимое шейкера в стакан.

e) Подавайте и наслаждайтесь!

98. Песочный коктейль «Красный бархат»

Делает: 1 порция

ИНГРЕДИЕНТЫ:

- 2 большие клубники, очищенные и нарезанные ломтиками
- 1 ½ унции водки Red Velvet
- 1 капелька лимонного сока
- От 3 до 5 унций крем-соды по вкусу
- Свежая клубника для украшения

ИНСТРУКЦИИ:

a) В коктейльный шейкер добавьте кусочки клубники. Хорошо запутаться.

b) Добавьте водку и лимонный сок. Наполните шейкер льдом и хорошенько встряхните.

c) Процедить в охлажденный хайболл, наполненный свежим льдом.

d) Сверху залейте содой.

e) Украсить клубникой. Подавайте и наслаждайтесь.

99. Красный бархатный смузи

Делает: 2

ИНГРЕДИЕНТЫ:
- 1 чашка замороженного манго или 2 банана
- 1 небольшая свекла, приготовленная и очищенная
- 3 столовые ложки какао-порошка
- 1,5 стакана молока на выбор или по вкусу
- 3 финика без косточек

ИНСТРУКЦИИ:
a) Добавьте все ингредиенты в блендер. Смешайте до однородности.

b) Вкус. Добавьте больше фиников или манго для желаемой сладости.

c) Добавьте больше молока для желаемой консистенции. Смешайте еще раз и сразу же наслаждайтесь.

100. Смузи из свеклы и банана Red Velvet

Делает: 1

ИНГРЕДИЕНТЫ

- 1 замороженный банан
- 1 стакан миндального молока
- 1 стакан замороженных ягод
- ½ свеклы, приготовленной и очищенной
- 2 столовые ложки какао-порошка
- 1 столовая ложка кленового сиропа/кокосового сахара

ИНСТРУКЦИИ

a) Добавьте ингредиенты Добавьте все ингредиенты в блендер.

b) Смешайте все до однородной массы, перелейте в бокал и наслаждайтесь!

ЗАКЛЮЧЕНИЕ

Красный бархат назван так за бархатную или гладкую текстуру. Хороший рецепт торта «Красный бархат» требует определенного количества какао, пахты и белого уксуса, которые придают ему очень уникальный вкус, это не просто обычный рецепт с пищевым красителем. Кроме того, оригинальный красный бархат был сделан с глазурью из кипяченого молока, а не с неприглядной тяжелой и чрезмерно сладкой глазурью из сливочного сыра, которая обычно используется сейчас. Глазурь на кипяченном молоке похожа на нечто среднее между взбитыми сливками и масляным кремом, а хорошо приготовленный торт «Красный бархат» имеет нежный и божественный вкус и текстуру.

Попробуйте эти рецепты, вдохновленные красным бархатом, сегодня; они обязательно сделают любой стол сияющим, и это такой простой способ произвести впечатление.

Ingram Content Group UK Ltd.
Milton Keynes UK
UKHW020612120623
423287UK00008B/34